D1653370

ISABEL AMARAL

IMAGEM E SUCESSO

ISABEL AMARAL

IMAGEM E SUCESSO

GUIA DE PROTOCOLO
PARA PESSOAS E EMPRESAS

casadasletras

Título: *Imagem e Sucesso – Guia de Protocolo para Pessoas e Empresas*

Edição: Maria da Piedade Ferreira
Revisão: Cristina Santos Costa

Design e paginação: Rui Rosa
Impressão e acabamento: EIGAL

1.ª edição na Casa das Letras: fevereiro de 2018
(edição revista e atualizada)

ISBN n.º: 978-989-74-1885-3
Depósito legal n.º: 435678/17

Casa das Letras
Uma marca da Oficina do Livro – Sociedade Editorial, Lda.
Uma empresa do Grupo LeYa
Rua Cidade de Córdova, 2,
2610-038 Alfragide · Portugal
Tel.: 21 041 74 10
E-mail: info@casadasletras.leya.com
www.casadasletras.pt / www. leya.com

Este livro segue o Novo Acordo Ortográfico de 1990.

À minha Mãe, que me ensinou tudo;
ao João, com quem continuei a aprender;
e à Joana, que ainda tem lições para me dar.

ÍNDICE

FALAR E ESCUTAR: A COMUNICAÇÃO ORAL

ESTAR E PARTICIPAR: AS RELAÇÕES PÚBLICAS

RECEBER E CONVIVER: A ORGANIZAÇÃO DE PROGRAMAS SOCIAIS

PREFÁCIO À PRIMEIRA EDIÇÃO

«A superficialidade esconde sempre algo de sério»

AGUSTINA BESSA-LUÍS

Nos últimos anos Portugal sofreu uma transformação profunda no seu tecido social. A revolução, o advento da democracia e a adesão à União Europeia provocaram mutações significativas e ascensões rápidas (nalguns casos vertiginosas) nas hierarquias sócio-profissionais, nas chefias da Administração Pública e na direção das grandes empresas.

Aqueles que, como eu, tiveram o privilégio de servir estes anos junto do poder político (que em democracia é, por definição, alternante) puderam conhecer certamente muita gente que, chamada a cargos de grande responsabilidade e de representação, tinha sérias dúvidas sobre a solidez de alguns dos seus códigos de comportamento social e justificadas hesitações quanto às subtilezas das regras protocolares.

Estas, por força das circunstâncias, foram também sendo adaptadas numa renovação inevitável pelo dinamismo intrínseco que qualquer conjunto coerente de normas contém.

Também a Constituição democrática da República Portuguesa trouxe novas instituições e com elas uma nova ordem de precedências e articulação entre os órgãos de soberania do Estado.

Quando falamos em normas protocolares queremos significar os instrumentos e as técnicas de preparar e fazer executar cerimónias privadas, públicas ou oficiais. Pensamos num conjunto de regras que permitem uma correta relação entre as pessoas que participam naqueles atos, através de convenções úteis que facilitam a comunicação, respeitando as inevitáveis hierarquias baseadas na urbanidade (a *urbanitas* universal dos romanos) e na tradição cultural de cada país. Estamos assim igualmente perto de uma definição de protocolo de Estado, que tem necessariamente raízes profundas nas instituições nacionais e nas sociedades que disciplinam e de onde emanam, mas com uma base histórica comum entre os vários países que, com o passar dos séculos, organizaram igualmente regras de convivência entre si e que hoje regem o concerto das nações.

No decurso destes já longos anos, pela natureza das funções que me foram cometidas, organizei, participei e assisti a centenas de atos protocolares, visitas de Estado e reuniões nacionais e internacionais, algumas da maior transcendência. Para além daqueles governantes, portugueses e estrangeiros, que acatavam com naturalidade e até com imaginação a organização que o protocolo delineava e propunha (que felizmente são a maioria), conheci outros (menos, mas muito maçadores) que tentavam saltar as regras preestabelecidas com aquela justificação lapidar «Isso era dantes! Agora já nada disto é preciso.»

Também ouvi algumas pessoas com responsabilidades governativas que sentiam a necessidade de explicar, como se de uma fraqueza inconfessável se tratasse: «Isso do protocolo é com a minha mulher, eu não sei nada disso»; ou ainda aqueles que não sabiam realmente nada do que se estava a tratar, mas tinham os maiores reparos quanto ao seu lugar à mesa ou ao carro que lhes era destinado, como verdadeiros príncipes russos fugidos da revolução bolchevique!

O embaixador Mendonça e Cunha, que foi meu chefe e um querido amigo, ensinou-me que Tayllerand dizia com muita justeza: «Só os tontos fazem pouco do protocolo: simplifica a vida!».

A existência de um protocolo simplifica, de facto, a vida, e nisso mesmo reside a sua atualidade. É necessário e indispensável a um bom relacionamento entre os vários componentes da Administração Pública e da sua articulação com a sociedade civil.

Creio que não será demais sublinhar que um dos fatores da maior importância a ter sempre em conta na organização de uma cerimónia protocolar é o papel que desempenha a comunicação social: em qualquer das suas formas ela constitui o veículo indiscutível da repercussão que cada ato tem junto da opinião pública, já que os meios audiovisuais deram, nos anos recentes, uma nova dimensão à projeção externa do protocolo. Especialistas em comunicação recordam-nos que «os assistentes a uma cerimónia ou um evento transmitido pela televisão multiplicam-se tantas vezes quantos os telespetadores e nestes o impacto é imediato. Câmaras e operadores (veem tudo mas não podem ser vistos) devem ser o mais privilegiado dos convidados que assistem ao ato».

Por esta razão creio que a preparação da difusão em direto de atos e cerimónias de transcendência na vida de um país (e na vida das empresas, no caso que agora nos diz respeito), devia contar sempre com o estudo e o acompanhamento detalhado de profissionais de protocolo.

Abandonando os conceitos gerais, centrar-me-ia agora no tema que a Isabel Amaral desenvolve neste livro: protocolo aplicado às empresas.

No último encontro de especialistas em protocolo em Oviedo, Espanha (setembro de 1995), chegou-se à conclusão que o protocolo empresarial, como uma matéria autónoma, não existe. É também esta a minha convicção. Ele apresenta-se como uma atividade ou disciplina que decorre das normas de referência do protocolo do Estado, diferenciado das relações públicas da empresa, mas adaptado aos fins que esta desempenha nas sociedades modernas que, hoje em dia, não se esgota na produção ou comercialização de bens e serviços. A base é necessariamente comum: um conjunto de regras, revestidas de uma espessa camada de «bom senso e de bom gosto» na sua aplicação, que deve pautar o relacionamento destas instituições (públicas ou privadas) entre si e com o público a quem se dirige a sua ação.

Com a mundialização do comércio, a empresa moderna tende a intervir de uma forma direta, como um agente de primeira linha na definição de comportamentos, captação de mercados ou na transmissão de uma imagem de prestígio que vai facilitar ou potenciar a sua atividade junto de um público que deseja atingir. Para além de ações de mecenato, multiplicam-se os atos que enquadram a imagem de marca que cada empresa quer fazer passar junto dos potenciais consumidores ou utentes. Aumentaram também, consideravelmente, os intercâmbios entre delegações e empresários portugueses e estrangeiros, o que impõe mais cuidado no acompanhamento de certas atividades, reuniões de negócios, assembleias de acionistas ou conselhos de administração, promoções de prestígio, almoços ou jantares com a presença de individualidades oficiais ou acolhimento às tutelas governativas.

Todos estes atos pressupõem a organização meticulosa de programas de visita, mesas de presidência e de reuniões, habilidade a manejar as precedências e, indispensável nos tempos que correm, como acima referi, uma boa cobertura mediática que projete e dê a conhecer ao grande público a atividade da empresa, potenciando-a.

Nesta perspetiva de sistematização é de louvar o aparecimento deste livro. De uma forma segura, mas ao mesmo tempo ligeira e divertida, Isabel Amaral guia-nos pelos labirintos do «ser e parecer», «escrever e responder», «falar e escutar», «estar e participar», «receber e conviver», com um sólido fio condutor que nos explica e esclarece sobre as inúmeras situações que se deparam na vida atual, adaptadas, quando é caso disso, às empresas.

Está escrito de uma forma acessível, por quem tem uma indestrutível dose de sentido comum associado a um humor subtil e um conhecimento, de toda a vida, das normas sociais como um meio seguro de facilitar a comunicação entre as pessoas, respeitando hierarquias e tradições culturais.

Creio que será muito útil de ler e de ter à mão, tanto para aqueles que têm responsabilidades executivas ou de direção nas empresas e na Administração Pública, como para os seus colaboradores a quem competem tarefas de relações públicas, de divulgação da imagem ou organização de eventos sociais da empresa.

Recentemente li numa revista da especialidade uma definição que resume a finalidade deste exercício: «um bom protocolo transmite sinais, revela mensagens e demonstra para fora que a nossa empresa, além de sólida, está arrumada. Gera confiança e um clima propício ao entendimento e à negociação».

Para todos os que se interessam por estes temas e, em especial àqueles a quem cabem as difíceis responsabilidades deste pelouro numa empresa, este livro parte inteligentemente dos conceitos básicos de convivência em sociedade, que nem sempre são óbvios; percorre, de uma forma amena e rigorosa, os caminhos da comunicação, da organização e da planificação adequadas dos atos em que se traduzem as atividades cada vez mais complexas das empresas e aconselha sobre os cuidados que se devem ter com a imagem dos seus dirigentes ou executivos.

A prática e a interiorização destas regras e conceitos aportarão o resto, de forma que, ao fazerem o balanço da sua atividade (que este livro certamente estimulará), possam sentir essa sensação pessoal e intransmissível que se traduz na grande satisfação que dá fazermos as coisas bem feitas!

José Bouza Serrano
Bruxelas, 7 de janeiro de 1997

INTRODUÇÃO

Vinte e um anos e oito edições depois de ***Imagem e Sucesso*** ter sido lançado, pareceu que se justificava voltar a colocar à disposição do público um guia prático de protocolo para empresas numa versão atualizada. Para as alterações introduzidas muito contribuíram, por um lado, as reflexões feitas nos cursos, conferências e *workshops* que venho realizando ao longo destas duas décadas. As perguntas feitas, os problemas levantados, os casos estudados nessas ações de formação, em Portugal e no estrangeiro, permitiram-me compreender melhor as dúvidas e as dificuldades que, aqui e ali, podiam surgir. E é justo, por isso, que agradeça aos meus «formandos» – se assim me posso exprimir – o que eles me ensinaram, e ensinam, de cada vez que sou convidada para lhes transmitir as minhas reflexões e as minhas experiências. E agradeço também por se queixarem de que o meu livro continuava esgotado, perguntando-me quando saía a nova edição.

Em segundo lugar, este livro dirige-se aos organizadores de eventos a quem venho prestando consultoria protocolar desde 2001, seja para empresas privadas de organização de eventos, seja para organismos ou instituições que, em dada altura, pretendem organizar um evento com a presença das mais altas entidades nacionais. Mesmo empresas com departamentos de imagem e comunicação recorrem a esta consultoria porque preferem ter temporariamente alguém com os conhecimentos necessários para organizar os momentos protocolares dos eventos com grande envergadura. Creio que a procura por estes serviços tem aumentado porque ninguém quer arriscar que um evento, que deu tanto trabalho a organizar e implicou um investimento apreciável, apareça nos noticiários pelas piores razões.

Em que consiste esta consultoria? Na fase do planeamento, surgem dúvidas sobre alguns aspetos que podem revelar-se essenciais para o êxito do evento. Quando por exemplo se decide convidar um membro do governo ou o representante de um órgão de soberania para ser o convidado de honra surgem as primeiras perguntas: deve convidar-se pelo telefone, por carta ou basta enviar o convite impresso? Qual a forma ou pronome de tratamento corretos? Deve mencionar-se o traje no convite? Existem fórmulas especiais para as autoridades religiosas ou militares?

Elaborada a lista de convidados, surgem novas dúvidas. Nem toda a gente sabe que em Portugal está em vigor desde 2006 uma Lei das Precedências do Protocolo de Estado português, e que o estipulado nesta lei «prevalece sempre mesmo nas cerimónias não oficiais». Quem estiver familiarizado com a lista de altas entidades constantes dessa lei, ao analisar os nomes e cargos das pessoas que vão ser convidadas para o evento, consegue detetar vários convidados que constam do artigo 7.º e que devem ter tratamento protocolar. As dúvidas surgem porque muitas vezes essas pessoas têm diversas funções e atividades. Apesar de aparecerem na lista de convidados como professores universitários, acumulam essas funções, por exemplo, com as de Conselheiro de Estado. O que obriga quem está a fazer o ordenamento dos convidados a colocá-los vários graus acima dos outros professores universitários convidados para o mesmo evento.

Passando-se para a fase da organização surgem novas dúvidas: como vamos sentar todas estas entidades? Qual o lugar dos anfitriões? Como conjugar a lista de altas entidades convidadas com a lista dos melhores clientes da empresa que não são entidades oficiais? Qual o lugar das autoridades religiosas?

Devemos convidar o bispo ou o pároco local para benzer as instalações? Existe alguma regra sobre a ordem das intervenções? Durante a fase de acompanhamento do evento, a presença de consultores de protocolo é fundamental para resolver as situações de última hora: como responder aos sucessivos cancelamentos e mudanças no assentamento de convidados sem que ninguém se aperceba? Como disfarçar a ausência do convidado de honra? Uma entidade pode fazer-se representar por alguém num jantar? O representante ocupa o lugar do representado? Como indicar às pessoas o seu lugar seja num auditório, seja numa mesa de refeição? Existe alguma forma de sentar rápida e protocolarmente mil pessoas num auditório? Além deste apoio pontual a grandes eventos, em grandes empresas portuguesas existem profissionais que, tendo formações académicas diversas, me consultam quando a chefia é convidada pela Presidência da República para integrar a comitiva empresarial de uma visita de Estado ao estrangeiro. As dúvidas prendem-se com trajes formais, uso de condecorações mas também com as regras protocolares que devem ser seguidas durante toda a visita pela comitiva empresarial.

O protocolo empresarial é hoje parte integrante da imagem empresarial por ser um sistema de comunicação verbal e não-verbal, que aplica técnicas de ordenamento sistemático de pessoas e símbolos na organização de atos públicos ou privados.

O protocolo estabelece relações de civilidade entre autoridades constituídas em todas as instâncias de poderes, quer político, quer diplomático, quer eclesiástico, quer militar, quer académico, quer empresarial. Existem, por isso, em todas as instituições públicas ou privadas rituais próprios que decorrem da legislação, de normas internas ou de costumes e tradições. Mas espero com este livro responder à maioria das dúvidas de quantos me contactam pedindo ajuda neste domínio.

Lisboa, fevereiro de 2018

O PROTOCOLO E A IMAGEM DA EMPRESA

NOÇÃO DE PROTOCOLO

«Os azares do destino fizeram com que a nossa geração fosse testemunha de momentos cruciais para o futuro do mundo. Novas formas de convivência substituíram usos sociais que tinham permanecido imutáveis durante séculos. Por isso, hoje mais do que nunca, tornou-se imprescindível conhecer os mecanismos que regem o comportamento dos homens e as motivações que decidem a sua conduta» – escreveu há tempos a rainha Sofia de Espanha[1].

As mudanças operadas no mundo refletem-se, de facto, em todos os domínios e o comportamento na vida profissional teve de se alterar radicalmente para se adaptar aos usos e costumes do novo milénio. Por isso, é agora mais do que nunca necessário estabelecer as regras e os princípios comuns que devem reger o comportamento dentro e fora das empresas para facilitar a cooperação e a convivência entre pessoas de meios diversos e culturas diferentes.

Um executivo, homem ou mulher, pode ser muito competente, trabalhador e inteligente mas, se tiver má imagem e não souber comportar-se socialmente, poderá ser prejudicado na sua carreira profissional. Essa carreira não se cumpre apenas, nem talvez sobretudo, portas adentro da empresa. Faz-se nomeadamente de encontros, conversas, reuniões, almoços e jantares de negócios. E, nela, o cônjuge também tem um papel crescentemente relevante

1 *El libro del saber estar de Camilo López*, Ed. Plaza & Janes, Barcelona, 1995.

a desempenhar. A componente social de uma carreira profissional é por isso cada vez mais importante. É por isso também que os conhecimentos de protocolo em geral, e do protocolo empresarial em especial, têm tanta importância.

O que é, então, o protocolo?

O cidadão comum associa o protocolo a um grande cerimonial e a situações solenes e um pouco teatrais, em que pessoas algo pomposas e muito bem vestidas parecem obedecer a uma «marcação» preestabelecida, que evita, quando evita, atropelos, precipitações ou confusões.

De facto, o protocolo por antonomásia é o Protocolo de Estado. E este pode ser definido como o conjunto de preceitos a cumprir em certas cerimónias oficiais em que estão presentes chefes de Estado ou altas individualidades nacionais e estrangeiras. O Protocolo de Estado é um instrumento da política externa e da diplomacia, que ao longo dos séculos serviu para facilitar a convivência entre Estados e para dar dignidade e pompa aos atos oficiais. Rege-se por regras escritas, bastante rígidas, e quase intemporais. Está intimamente ligado ao protocolo Diplomático que é o conjunto de honras e privilégios externos que se devem tributar, segundo as ocasiões, aos representantes de Estados estrangeiros.

Em todos os Ministérios dos Negócios Estrangeiros existe um serviço de protocolo e, por isso, quando dizemos que determinado ato público foi (bem ou mal) organizado pelo protocolo estamos a falar do chefe do protocolo ou dos seus colaboradores do Ministério dos Negócios Estrangeiros responsáveis pela organização dessa cerimónia oficial.

Mas, nos tempos que correm, o protocolo não se limita às normas escritas que regem o cerimonial do Estado. Inclui também as normas de cortesia que facilitam a vida em sociedade, seja em casa, seja na empresa. A cortesia e o protocolo podem ser descritos como dois círculos concêntricos em que o maior – a cortesia – engloba o menor – o protocolo. Ou seja, pode haver normas de cortesia fora do protocolo, mas não pode haver protocolo sem cortesia.

A cortesia baseia-se na tradição e em costumes imemoriais, mas é mais difícil de definir do que o protocolo. Muitas das suas regras são transmitidas de geração para geração. Mas, no seu conjunto, é um código de conduta sem o caráter compulsório do Protocolo de Estado. No fundo, o protocolo é o conjunto das normas e regras ordenadoras enquanto a cortesia é a forma de aplicar essas regras, variando de sítio para sítio. Resumindo, o protocolo é uma afirmação de poder e a cortesia é apenas uma demonstração de boas maneiras.

Assim como a cortesia serve para tornar mais fácil e agradável a vida em sociedade, evitando choques, melindres e problemas, também o protocolo serve para resolver – e não para criar – dificuldades. No entanto, podem surgir conflitos entre a cortesia e o protocolo, sobretudo no mundo dos negócios, onde é a concorrência que muitas vezes dita a lei.

Como diz o Embaixador Branco Villalta, «o protocolo não cria hierarquias, limita-se a reconhecê-las; também não inventa honras nem as concede, nem fomenta boatos, limita-se a estabelecer uma ordem que facilite as relações. Não complica, simplifica. Não cria problemas, só os evita»[2].

A partir do momento em que homens e mulheres passaram a trabalhar juntos, as regras tradicionais e imemoriais de proteção e deferência em relação à mulher foram postas em causa. E, por isso, as regras de conduta protocolar tiveram de se adaptar aos novos tempos e à vida dentro das empresas modernas. Assim surgiu o chamado protocolo empresarial, que é um código de conduta que rege a maioria das situações da vida de uma empresa: reuniões, apresentações, programas de trabalho e programas sociais, etc.

2 *Ceremonial en las Relaciones Públicas*.

Baseando-se no protocolo oficial – com regras mais flexíveis e menos formais, visto que as empresas são organismos em constante mutação e em interação permanente com um universo de gente muito diversa –, o protocolo empresarial fundamenta-se também na cortesia, podendo definir-se como o conjunto de normas que regem a indumentária e o comportamento das pessoas em determinadas situações da vida profissional.

O protocolo empresarial pode ainda definir-se como o conjunto de atos de boa educação e respeito que facilitam o relacionamento interpessoal dentro e fora das empresas ou, se se preferir, como o conjunto de formalidades que se devem observar no relacionamento (interno ou externo) das empresas.

O protocolo empresarial consiste numa combinação de três bês: bom senso, boa educação e bom gosto. E a sua sistematização ajuda quando é preciso algo mais do que boa educação ou bom senso para resolver situações insólitas.

A IMPORTÂNCIA DO PROTOCOLO NA IMAGEM DA EMPRESA

Oscar Wilde dizia que «estar dentro da alta sociedade é apenas um aborrecimento, mas estar fora dela é uma verdadeira tragédia». Sem ir tão longe, e salvo melhor opinião, creio que, na maioria das profissões, o comportamento social tem um papel importante e, por isso, os conhecimentos do protocolo empresarial ajudam a ter mais êxito.

É importante, para um executivo, saber fazer convites e responder-lhes; saber vestir-se de acordo com as circunstâncias; saber conversar, sem ser de negócios, com toda a gente (praticando aquilo a que os ingleses chamam, muito acertadamente, *small talk*).

É importante, em suma, «saber estar» – em todos os lugares e em todas as ocasiões – projetando uma imagem positiva.

O protocolo empresarial não se destina apenas a ensinar a melhor forma de receber uma pessoa ou a estabelecer o lugar em que ela se deve sentar. Serve sobretudo para que, na empresa, como na vida, cada um saiba relacionar-se e comunicar adequadamente com clientes, colaboradores, colegas e superiores.

Para vingar na carreira, para triunfar na vida, um executivo tem de ser bem-educado, sem paternalismo, e simpático, sem familiaridade. Tem de perceber, por exemplo, que não deve usar a segunda pessoa do singular, sobretudo quando se dirige a pessoas que se situam hierarquicamente abaixo dele. E que não deve ficar sentado à secretária quando recebe um visitante. Nem deve olhar repetidamente para o relógio quando esse visitante expõe os motivos da sua visita. Nem deve atender telefonemas enquanto dura a visita. Até porque há outras maneiras, mais discretas e simpáticas, de «despachar» visitantes que perdem a noção do tempo...

Ou seja: um executivo deve agir no seu escritório como agiria em sua casa. Ser o anfitrião de um jantar ou de uma reunião obedece praticamente às mesmas regras e o importante é demonstrar consideração pelas pessoas que se recebe, seja em casa seja no escritório.

A única diferença é que, em casa, a cortesia manda que as senhoras passem à frente dos homens e os mais velhos à frente dos mais novos. No ambiente profissional, o protocolo ordena as pessoas pela hierarquia ou cargo e a seguir pela antiguidade. Só havendo igualdade na hierarquia e na antiguidade, é que as senhoras passam à frente dos homens.

*

SER E PARECER:
A COMUNICAÇÃO DIRETA

TIPOS DE COMUNICAÇÃO

A comunicação, interna e externa, é um elemento vital de qualquer empresa. Na prática, um executivo, seja dirigente ou colaborador, passa todos os dias três quartos do tempo a comunicar, sobretudo transmitindo e recebendo informações dentro da empresa. De facto, não comunicar parece impossível, a não ser naqueles momentos em que nos isolamos. Mesmo antes de falar, escrever ou escutar, quando uma pessoa entra numa empresa já está a comunicar qualquer coisa através de gestos, símbolos ou atitudes. Por isso, é útil conhecer os tipos de comunicação e as regras de conduta protocolar que ajudam a melhorar a comunicação interpessoal. Podemos considerar três tipos básicos de comunicação:

1. A **comunicação oral**, que se estabelece através do intercomunicador, ou do telefone (interno ou externo), onde a palavra e a voz são fundamentais;

2. A **comunicação direta**, que se estabelece sempre que somos confrontados com outra pessoa, seja numa conversa cara a cara, seja numa entrevista, numa reunião ou numa palestra, onde a palavra e a voz são reforçadas ou diminuídas pelo aspeto e pela atitude dos intervenientes;

3. A **comunicação escrita**, que se estabelece seja com o exterior (através de cartas, anúncios, *e-mails*, sms, impressos, comunicados, etc.), seja no interior da empresa (através de memorandos, circulares, notas, relatórios, *newsletter*, etc.). Este tipo de comunicação utiliza a palavra para transmitir uma mensagem que deve ser inequívoca e não oferecer dúvidas de interpretação, visto que, ao contrário das anteriores formas de comunicação, não é uma mensagem passageira mas fica registada e pode ser verificada sempre que necessário.

Qualquer tipo de comunicação pode ser definido como a transmissão de uma ideia ou de um pensamento a alguém, visando o entendimento e a cooperação entre duas ou mais pessoas. E se queremos que a nossa mensagem, aquilo que comunicamos dentro e fora da empresa, gere entendimento e cooperação, devemos procurar eliminar todos os obstáculos a uma comunicação eficaz.

Por isso, é importante distinguir as várias maneiras de comunicar e conhecer as regras que regem a comunicação verbal e não-verbal visto que, mesmo estando calados, podemos transmitir sem querer mensagens que podem anular aquilo que, de facto, queremos transmitir. Existem três formas de comunicar:

a) **Simbólica**

É um modo de transmissão passivo e muitas vezes inconsciente, que utiliza várias convenções como veículos para transmitir uma ou várias mensagens. É o caso, por exemplo, dos chamados sinais exteriores de riqueza ou símbolos de *status* que, através da roupa, do penteado, do carro ou da morada, nos fornecem indicações (tantas vezes erradas!) sobre o estatuto social de determinada pessoa.

Quando entramos numa empresa, apercebemo-nos de subtis diferenças de estatuto hierárquico, por exemplo, através do tamanho dos gabinetes e sua decoração. Alguns funcionários da União

Europeia gostam de marcar a diferença hierárquica pelo número de janelas dos seus gabinetes. Passar de um gabinete com duas janelas para outro com três é uma promoção, mesmo que não haja nem aumento de vencimento nem acréscimo de responsabilidades...

Sem ir tão longe, basta fazer um pequeno exercício de observação, enquanto esperamos na receção de uma empresa antes de ser recebidos. Através do vestuário de quem aí passa, conseguimos por vezes adivinhar o lugar que ocupa na estrutura hierárquica da empresa.

Por isso, os consultores de imagem norte-americanos aconselham os jovens executivos a vestirem-se, não como os seus colegas, mas como os seus chefes, para ascender rapidamente na carreira...

A única regra que existe a nível da comunicação simbólica deriva do bom senso. Não se deve exibir riqueza para não chocar os outros. É verdade que a rainha Vitória dizia que visitava os pobres coberta de joias porque «de misérias já eles estavam fartos». Mas convém não abusar de sinais exteriores de riqueza nem na indumentária nem nos objetos de decoração do seu local de trabalho. O gabinete numa empresa não é a réplica da sala de estar da sua casa.

b) **Verbal** (oral ou escrita)

É o modo de transmissão, ativo ou passivo, que usa as palavras como veículo transmissor, através do telefone, do papel, da voz ou de outro meio (cartas, gravação de mensagens, anúncios, etc.).

A voz e a escrita são o modo mais comum de transmitir mensagens e aquele onde os erros de transmissão podem ser mais facilmente detetados e corrigidos. Quando se relê uma carta pode emendar-se certa frase que tenha duplo sentido e possa induzir em erro o seu destinatário. Quando falamos com alguém também podemos explicar melhor o que pretendemos dizer se nos apercebermos que a pessoa não está a captar corretamente a nossa mensagem.

A voz é o veículo físico da comunicação oral e por isso devemos cuidar dela antes de uma intervenção importante. Uma voz clara e uma boa dicção facilitam a comunicação de qualquer mensagem. Beber um copo de água antes de começar a falar limpa as cordas vocais.

Existem regras protocolares específicas para a comunicação escrita e para a comunicação oral, que abordaremos mais adiante.

c. **Não-verbal ou gestual**

É o modo de transmissão que utiliza o corpo humano para exprimir, de uma forma ativa, consciente ou inconsciente, determinados sentimentos. Esta comunicação pode ser utilizada para induzir o recetor em erro, mas pode também transmitir mensagens involuntárias através de gestos e atitudes. O gesto pode confirmar a frase ou anulá-la.

E é muito importante que as palavras não sejam contrariadas pela linguagem não-verbal.

Sendo necessário fazer uma intervenção ou um discurso perante determinado público, por exemplo, é preferível falar de pé: estar sentado atrás de uma mesa estabelece uma barreira entre o orador e o público. Mas, se as circunstâncias obrigarem a falar sentado, é então bom que incline a cabeça em direção ao público, nunca se recostando na cadeira enquanto durar a sua intervenção. Por outro lado, se falar de pé, atrás de um púlpito, esforce-se por não se agarrar a ele – como quem se agarra a uma tábua de salvação. A aparência de segurança é indispensável à eficácia do discurso.

Cruzar os braços ou as pernas para o lado oposto da pessoa com quem estamos a falar pode significar que rejeitamos a mensagem que o nosso interlocutor está a transmitir. Franzir ou esfregar os olhos pode significar incredulidade. Cruzar os dedos das mãos com força pode denunciar tensão ou irritação. Coçar o queixo pode ser a maneira (involuntária) de dizer a outra pessoa que a estamos a avaliar.

Apesar de ser interessante tentar apreciar a posição dos outros através daquilo que transmitem por linguagem não-verbal, é preciso muito cuidado quando se tenta fazer esta interpretação. Se é verdade que bocejar (mesmo tapando a boca com a mão) significa desinteresse, também pode significar que está na hora de fazer uma pausa para o café. A pessoa que boceja até pode estar interessadíssima naquilo que está a ouvir, mas, se teve uma insónia na noite anterior, não conseguirá reprimir um bocejo. Até porque, segundo os entendidos, o bocejo é um reflexo salutar que irriga de oxigénio o cérebro, facilitando o manter-se acordado...

Para comunicar com eficácia será necessário estabelecer uma relação em que as ações, pensamentos e intenções de uma pessoa (o emissor) desencadeiem uma resposta noutra pessoa (o recetor). Não há comunicação quando o recetor não é capaz ou não quer perceber a informação que lhe é transmitida. Uma mensagem em código Morse será apenas um conjunto de traços e pontos ou de ruídos para quem não conheça este código.

A importância de haver uma comunicação eficiente dentro da empresa advém do facto de ser um meio privilegiado para resolver problemas entre pessoas e grupos, diminuindo e solucionando conflitos e tensões. E é também um forte elemento de coesão e valorização do grupo empresarial.

Havendo boa comunicação interna criam-se relações interpessoais equilibradas e orientadas para os objetivos da organização. A empresa tem, nestas condições, mais facilidade em se afirmar e projetar uma imagem positiva para o exterior.

Ter consideração pelas outras pessoas, e demonstrá-la, parece ser a chave para comunicar com eficácia no mundo dos negócios.

As pessoas são, como todos sabemos, a alma das instituições. Uma fábrica, um escritório, um ministério, um banco não são apenas os edifícios, as paredes, os móveis, as máquinas, os computadores e os letreiros nas portas. Mais importante do que tudo isso são os homens e as mulheres que ali trabalham, e sem os quais a instituição não viveria.

É sabido que, quando há, dentro da empresa, um relacionamento amistoso entre todas as categorias profissionais e hierárquicas, não só o ambiente se torna mais simpático, como se eliminam os obstáculos para uma boa comunicação.

As pessoas, ao contrário dos factos – é bom não esquecer –, pensam e sentem. E ao pensar e sentir, apercebem-se das falhas de comportamento em relação a si. Além disso, quando julgam que não são tratadas como merecem, ou se irritam e ofendem (visível ou disfarçadamente), ou adotam um comportamento não colaborante.

Lidar com pessoas exige tato, exige adaptação permanente, não só às flutuações de cada personalidade, mas à variedade de personalidades com as quais a relação se estabelece. Um dos instrumentos mais eficazes da comunicação interpessoal é demonstrar consideração pelos outros.

A IMPORTÂNCIA DA PRIMEIRA IMPRESSÃO

Se é certo que não basta ser bem-educado para ter sucesso, não é menos verdade que os conhecimentos de protocolo empresarial ajudam a projetar uma imagem positiva e a progredir na carreira. As empresas de seleção de pessoal, ao serem confrontadas com dois candidatos com o mesmo nível de experiência e de habilitações académicas, tendem a escolher o que tiver causado «melhor impressão».

Diz-se que a opinião do recrutador se forma nos primeiros minutos da entrevista. Boas maneiras, boa postura, linguagem correta e o traje certo para a ocasião são meio caminho andado para causar boa impressão. Daí o interesse que as questões de comunicação e de imagem adquiriram nos últimos anos. Há quem sustente aliás que, se é o nosso coeficiente de inteligência que nos facilita o acesso a certos lugares, é o coeficiente emocional que permite o progresso na carreira profissional. A facilidade de relacionamento com pessoas de todos os estratos sociais e etários é uma qualidade importante para aumentar este coeficiente emocional. Quem está bem e se sente bem transmite aos outros mais segurança e inspira mais confiança.

Os consultores de imagem em Portugal surgem relacionados sobretudo com o marketing político. Mas a AICI- Association of Image Consultants International congrega muitas centenas de firmas especializadas nas áreas da linguagem, protocolo, etiqueta, vestuário, cor, motivação e desenvolvimento de carreiras espalhadas pelo mundo inteiro.

A imagem que transmitimos baseia-se em três elementos fundamentais: a atitude (moldada pela nossa personalidade e maneira de ser), a aparência (aspeto físico, forma de vestir) e o comportamento (a forma como falamos e agimos). É certo que alguns aspetos da nossa imagem física não podem ser alterados (altura e estrutura óssea, por exemplo). E que outros podem ser radicalmente mudados (peso e configuração do corpo e do rosto através de exercícios físicos, dietas e cirurgia estética). Mas, na maioria dos casos, para melhorar a imagem basta usar roupas diferentes, alterar a maneira de falar e de estar em público, e cuidar do aspeto exterior, assim melhorando a chamada comunicação não-verbal.

Claro que existem profissionais em todas as áreas que fazem gala em ser malcriados ou em afetar um certo desprezo pelas regras da boa convivência social. E até se gabam de que é preciso conhecer as regras para as poder quebrar como se estivessem acima de qualquer crítica. Mas, salvo melhor opinião, creio que toda a gente beneficia se tiver uma boa imagem a nível social e profissional.

*

REQUISITOS DE UMA BOA IMAGEM

Em todos os manuais de protocolo considera-se que o primeiro requisito de uma boa imagem é a **pontualidade**. Como dizia Luís XVIII «a pontualidade é a cortesia dos reis e o dever de todas as pessoas de bem»[3].

Ninguém gosta de esperar muito tempo pelos outros. Se alguém se atrasa, sem ser por uma razão de força maior (a desculpa do trânsito, mesmo quando verdadeira, é sempre uma desculpa esfarrapada), está a mostrar falta de consideração por quem espera. Nalgumas empresas, os atrasos nas chegadas são penalizados pelo relógio de ponto. Nalgumas escolas, quem chega atrasado tem falta. Mas apesar de todo este longo processo de aprendizagem, há quem continue a chegar atrasado a todos os compromissos sociais e profissionais.

Em ambiente internacional o conceito de pontualidade varia. No Brasil e na América Latina em geral, aceita-se um atraso de meia hora; na Alemanha e na Suíça exige-se pontualidade rigorosa, na Indonésia quem é mais importante faz questão de fazer esperar os subordinados. Em qualquer caso, nos compromissos profissionais, um atraso pode comprometer o negócio e, quem quer dar boa imagem de si próprio, deve procurar ser pontual. Se a reunião se atrasar, quem ficou à espera pode ficar irritado e começará o contacto na defensiva ou mesmo com espírito de não cooperação. Por isso, se tiver medo de ficar preso no meio do trânsito, é preferível chegar adiantado e esperar pelos outros do que fazê-los esperar por si.

A pontualidade é a norma nos compromissos profissionais e deve ser sempre cumprida tratando-se de reuniões com muitos participantes, até para evitar que quem preside aos trabalhos tenha de fazer um breve sumário do que já foi discutido cada vez que chega

3 Citado por H. Mendonça e Cunha em ***Regras do Cerimonial Português***.

um retardatário, o que irrita sempre os participantes que chegaram a horas.

Mesmo em ocasiões sociais, onde um ligeiro atraso é de bom-tom, há regras quanto à pontualidade. Por exemplo, ninguém deve chegar depois do convidado de honra.

É por isso fundamental, sobretudo para quem inicia a sua carreira, chegar a horas a todos os compromissos. Claro que não deve nunca chamar a atenção para o facto de ser o primeiro a chegar à empresa e o último a sair. Os seus superiores hierárquicos podem apreciar o seu zelo, mas não apreciam, com certeza, a subtil chamada de atenção para o facto de chegar antes deles.

Ser bem-educado e positivo é outro requisito importante de uma boa imagem. Toda a gente reage melhor a uma crítica que começa com um elogio e que é feita de forma cordata e positiva. «Se fizesse isso desta maneira ganhava tempo e cansava-se menos» é uma maneira positiva de dizer que a pessoa está a usar um método errado para desempenhar determinada tarefa. Se, pelo contrário, disser «Levou três horas a fazer o que qualquer pessoa faria numa hora se agisse da seguinte maneira» está a passar um atestado de incompetência a um colaborador que poderá ser forçado a concordar consigo na altura, mas ficará magoado (sobretudo se o reparo tiver sido feito em frente de outras pessoas).

Há maneiras de dar ordens que facilitam o seu cumprimento. O uso do condicional, por exemplo, ou de um sorriso a acompanhar a frase, não são sinais de fraqueza, mas de consideração pelos outros.

Demonstrar consideração pelos outros deve ser aliás a preocupação de quem pretende criar uma boa relação interpessoal entre todos os elementos do grupo empresarial.

Das pessoas com que temos de lidar no dia-a-dia, umas podem ser mais simpáticas do que outras, mas todas nos devem merecer a mesma consideração se queremos obter a sua colaboração empenhada.

Quando comecei a trabalhar na filial de uma multinacional, tive de abrir conta num banco estrangeiro para onde era transferido o meu ordenado. Espantada com as atenções que me eram dispensadas apesar do meu reduzido extrato mensal, e habituada ao tratamento impessoal que sempre me fora dispensado no banco nacional onde abrira conta nos meus tempos de estudante, foi-me explicado pelo gerente que tratavam daquela forma todos os clientes, porque «nunca se sabe quais os que um dia serão milionários...» Escusado será dizer que, apesar de não ser milionária, continuo a ter conta nesse banco. Mesmo quando, num período complicado, houve campanhas negativas que levaram muitos clientes para outras paragens, eu mantive-me firme.

Por outro lado, ter consideração pelos outros implica que se **seja discreto**. Nada pode prejudicar mais uma carreira do que uma indiscrição.

Ainda que seja para demonstrar que se está dentro de todos os assuntos da empresa, não se deve nunca quebrar o sigilo profissional, mesmo junto dos seus amigos mais íntimos. Nunca se deve revelar nada sobre a empresa ou sobre os seus colaboradores que possa causar prejuízo se aparecer nos jornais do dia seguinte. Mesmo que não esteja presente nenhum jornalista, ninguém garante que a pessoa com quem se está a falar não vai transmitir aquilo que ouviu de forma deturpada a alguém da concorrência com bons contactos junto da comunicação social.

Por outro lado, deve-se procurar não chamar demasiado a atenção para o que se faz nem para a sua importância profissional. Seja a falar, seja a vestir, seja a lidar com as outras pessoas, o comportamento deve ser irrepreensível mas discreto.

A nossa **imagem pessoal** é o que nos distingue dos outros e, por isso, devemos melhorar todos os aspetos que possam contribuir para a sua melhoria. Mudar de atitude requer um esforço gigantesco. Um tímido olhará sempre para os outros de forma diferente de um extrovertido, mas através de diversos exercícios consegue-se passar a transmitir uma atitude mais assertiva. Basta treinar para entrar numa sala com os ombros direitos e a cabeça erguida (sem empinar o nariz), por exemplo.

A aparência é mais fácil de mudar. A maneira como uma pessoa se veste contribui de maneira decisiva para melhorar ou degradar a imagem. Não apenas pelas mensagens subtis que transmite para determinadas pessoas mais atentas (uma gravata de marca, um fato com bom corte) mas também pela mensagem óbvia e que todos decifram: se é ou não uma pessoa desmazelada.

Quando se inicia uma carreira profissional, pode não haver dinheiro para comprar fatos caros de bom corte. Mas, se o casaco estiver limpo e a camisa passada a ferro, se os sapatos estiverem engraxados e as calças (ou saias) não tiverem nódoas, terá um ar cuidado e impressionará bem toda a gente com quem contactar.

Claro que não se usa a mesma roupa para trabalhar num ministério ou para trabalhar numa empresa menos formal. Recordo-me de um membro do governo em início de funções que se apresentou para receber o primeiro-ministro, em determinada cerimónia, com um casaco de quadrados verdes e amarelos e com calças verdes. Um dos «seguranças» perguntou-me: «Aquele «caramelo» que está a falar com o PM é para afastar ou deixamos ficar?». Quando lhe expliquei quem era, respondeu «não parece nada ser membro do governo».

Há trajes apropriados para cada ocasião: trajes de trabalho, trajes desportivos, trajes de mais ou menos cerimónia, trajes formais ou informais. A regra essencial é que cada um se sinta bem com o que veste – e ninguém pode sentir-se bem se comparecer de gangas e *t-shirt* num jantar onde todos os outros convivas estão de *smoking*...

Para ocasiões especiais é importante informar-se de antemão qual o **traje apropriado** (ver «Vestuário», pág. 60). Mas, no dia-a-dia, também convém observar a maneira como se vestem as outras pessoas do seu emprego, para não destoar excessivamente delas. Um banqueiro veste-se como um diplomata, mas um empresário tanto se pode vestir como um banqueiro como usar o último grito da moda, se o setor onde se move for, por exemplo, a decoração ou o estilismo. Se a empresa for muito moderna e inovadora poderá usar vestuário a condizer. Se pelo contrário, trabalhar numa empresa institucional e conservadora o seu estilo de vestir deverá ser mais discreto.

Um amigo meu foi transferido para a sucursal de Londres do banco em que trabalhava. Fez um guarda-roupa novo e apresentou-se no primeiro dia com um magnífico *blazer* de corte impecável. Mas percebeu que cometera um erro quando o porteiro do banco o recebeu com um irónico «Good morning, Sir! Going to the country today, are you?». É que, em certos meios britânicos, os *blazers* continuam a ser considerados trajes informais (o chamado *smart casual*) mesmo que tenham etiqueta da Savile Row... Um sobrinho meu, que fez recentemente um estágio num banco em Londres, agradeceu-me os conselhos que lhe dei sobre o vestuário que devia levar e disse-me que todos continuavam a usar fato completo todos os dias ao contrário do que sucedia na filial do mesmo banco em Paris.

Para que a sua mensagem seja bem recebida deve procurar **falar e escrever bem**. «Se voltasse à Universidade, concentraria os meus esforços em duas áreas: escrever bem e aprender a falar em público. Nada na vida é mais importante do que saber comunicar eficazmente» disse um dia o presidente norte-americano Gerald Ford[4].

Um erro de ortografia pode deitar por terra todo o esforço de construção de uma frase. Muitos erros podem destruir a imagem que se quer projetar. Toda a gente aceita gralhas, mas ninguém tem tempo, nem paciência, para reler uma ou várias frases numa carta. Se não fizer sentido por estar mal escrita, a sua mensagem perde-se. Tenha especial cuidado com o corretor ortográfico que

4 ***Comunique com Segurança***, Verbo, 1994.

altera palavras e, para quem é míope como eu, prega partidas se não relermos a mensagem antes de a enviar.

Deve procurar simplificar as frases para que a sua mensagem seja ainda mais clara. Escrever bem não é abusar dos adjetivos nem dos advérbios. Se aquilo que escreveu em duas páginas puder ser sintetizado em duas frases, faça-o.

Nos EUA, ensina-se a resumir todos os projetos numa frase para conseguir que a pessoa com quem comunicamos se interesse pela nossa mensagem. Conta-se que o produtor do filme *Twins* obteve financiamento instantâneo quando resumiu o guião com a seguinte frase: «Danny de Vito, Arnold Schwarzenegger... Gémeos.»

Sem precisar de ir tão longe, deve procurar evitar linguagem rebuscada, seja a escrever ou a falar.

Se tiver de falar em público prepare uns tópicos e procure ser claro e breve. Falar bem, com voz agradável e demonstrando não só conhecimentos mas também educação, é importante para projetar uma boa imagem. Não precisa de ser um grande orador ou tribuno para fazer uma boa intervenção, mas precisa de articular bem as frases, de falar pausadamente e de saber ouvir o seu interlocutor para que a comunicação se estabeleça com sucesso.

Há quem diga que o sucesso anda aliado ao uso de três simples expressões: **se faz favor**, **obrigado** e **desculpe**.

Com efeito, pedindo «por favor», consegue-se regra geral uma cooperação maior por parte dos colaboradores do que dando ordens ou dizendo «faça isto». Mas convém não exagerar nesse pedido, que pode ser substituído muitas vezes por uma frase interrogativa: «Acha que pode fazer isto já?»

Quanto ao «obrigado» (ou «obrigada», no caso de ser uma mulher), é evidente que o seu uso não significa o seu reconhecimento no momento, representa também um investimento no futuro. Quando voltar a pedir-lhes uma tarefa, eles não se esquecerão de que os seus serviços foram sempre reconhecidos e agradecidos. Em todo o caso, tudo isto deve ser feito com conta, peso e medida.

Não vale a pena desfazer-se em «obrigadíssimos» e outros agradecimentos superlativos só porque uma secretária lhe trouxe um copo de água... As fórmulas de agradecimento devem ser doseadas, para não parecerem ocas ou disparatadas. E, depois, como diz o povo, «quando a esmola é muita, o pobre desconfia»...

Por último, se souber pedir desculpa quando se enganar ou, quando por culpa sua, os seus colaboradores tiverem de trabalhar horas extraordinárias, conservará uma imagem positiva junto daqueles de quem o seu sucesso depende.

Mas também aqui, seja moderado. Os constantes pedidos de desculpa podem levar os seus colaboradores ou interlocutores a desconfiar de que se trata de um mero pró-forma e que na realidade não está nada convencido de que a culpa é sua.

Perante uma reclamação, se não quiser reconhecer culpas mas quiser pôr o reclamante do seu lado, basta dizer «lamento» e resistir à tentação de acrescentar «mas a culpa não é minha».

REQUISITOS DE UMA BOA IMAGEM

1. Ser pontual
2. Ser bem-educado e positivo
3. Demonstrar consideração pelos outros
4. Vestir-se apropriadamente
5. Falar e escrever bem
6. Dizer «obrigado», «desculpe» e «se faz favor»

1+2+3+4+5+6 = BOA IMAGEM

APRESENTAÇÕES

Uma das situações mais comuns do nosso quotidiano é ter de apresentar pessoas numa reunião, num jantar, numa conferência ou em qualquer outro lugar onde estejamos a fazer as honras da casa. Apesar de parecer complicado, fazer uma apresentação é extremamente simples se nos lembrarmos das seguintes **regras gerais:**

- Diz-se primeiro o nome da pessoa menos importante e depois o da mais importante.

- Socialmente, os homens são apresentados às senhoras.

- Entre duas pessoas do mesmo sexo, o mais novo é apresentado ao mais velho.

- Profissionalmente, em que existe uma hierarquia profissional, – as duas regras anteriores só se aplicam entre pessoas do mesmo nível hierárquico. Mais importantes do que elas são outras duas regras: (a) o inferior é apresentado ao superior hierárquico e (b) o pessoal interno é apresentado ao visitante.

Estas regras são a aplicação de uma norma universal que obriga a dar precedência à pessoa que merece maior respeito em qualquer situação, seja numa apresentação, seja ao passar uma porta. A secretária ou assistente pessoal, quando acompanha um visitante até ao gabinete da chefia, para o anunciar pode dizer o nome do chefe «Senhor Engenheiro Antunes, está aqui o Senhor Doutor Magalhães, Diretor da Cargolan» ou dizer apenas «Senhor Engenheiro, está aqui o Senhor Doutour Magalhães, Diretor da Cargolan».

Pode também pedir autorização à pessoa mais importante para a apresentar a outra pessoa: «Senhor Ministro, posso apresentar-lhe o Senhor Doutor José Antunes, Diretor da XPTO?». Em princípio o Dr. José Antunes conhece o nome do ministro e assim evita ter de lembrar-se de dizer primeiro o nome dele e depois o do ministro.

É obrigação do dono da casa apresentar entre si todos os convidados ou os participantes de uma reunião que não se conheçam. A fórmula usual é «Senhora D. Maria Pires apresento-lhe o Senhor João Garcia», mas pode limitar-se a enunciar os nomes e neste caso dirá «Senhor João Garcia, Senhora D. Maria Pires», visto que se diz em primeiro lugar o nome da pessoa menos importante. Em empresas mais informais a apresentação deve ser feita dizendo: «Maria, apresento-te o João Garcia.»

Julgo que, por influência das telenovelas brasileiras, há pessoas que consideram aceitável apresentar à «Dona Maria Pires o Senhor Garcia» mas é um erro inaceitável para quem se preocupa em transmitir uma boa imagem. As senhoras em Portugal são tratadas por Senhora Dona, não são apenas Donas ou Senhoras como em Espanha.

Os nomes devem ser ditos com voz clara e audível, acrescentando alguns dados sobre cada um dos apresentados. Se se esqueceu do nome de alguém é preferível perguntar a não fazer a apresentação. Em vez de confessar que se esqueceu do nome de uma pessoa com quem esteve a falar dez minutos, pode dizer «Por favor, diga-me o seu nome completo para eu fazer a apresentação como deve ser» e depois fazer a apresentação.

Até para que não lhe aconteça como a um amigo meu que resolveu não fazer as apresentações entre dois casais que convidara para jantar por os ter visto a subir as escadas juntos e a conversar como se se conhecessem. Durante o jantar a mulher de um dos convidados começou a dizer mal do governo. Houve um certo frio porque um dos convidados estava ligado ao governo. O marido da senhora tentou emendar a mão e disse que só não gostava de determinado ministro por achar que ele era corrupto. Mas quando disse o nome dele, o frio transformou-se em gelo: é que o ministro era irmão do outro convidado... Talvez tivesse sido preferível seguirem o velho conselho de que não se fala de política, sexo ou religião à mesa. Mas é claro que, se o dono da casa tivesse feito as apresentações, a *gaffe* seria evitada pois o ministro e o convidado tinham o mesmo apelido.

Outra regra que sofreu alteração é aquela que diz que os homens devem sempre levantar-se (se estiverem sentados) para serem apresentados a alguém, mas que as senhoras só se levantam para serem apresentadas a senhoras mais velhas ou a alguém hierarquicamente superior. Em situações profissionais, mesmo fora da empresa (*cocktails*, reuniões, etc.), não existe esta distinção de género e, por isso, todos se devem levantar para ser apresentados a alguém.

Ainda que um superior hierárquico não tenha obrigação de se levantar para acolher uma colaboradora que entre no seu gabinete, é de bom-tom fazer menção de que se levanta para a cumprimentar ou para lhe indicar onde se deve sentar.

Dentro da empresa, onde existe igualdade de género, uma senhora levanta-se para acolher um superior hierárquico e um visitante exterior. Mas, se se tratar de um visitante habitual e ela estiver ocupada com uma tarefa absorvente, pode limitar-se a cumprimentá-lo («Bom dia, Doutor Ferreira! Entre e sente-se que eu já o atendo»), ou saudá-lo com um aceno de cabeça, se estiver a falar ao telefone.

Socialmente, é a senhora que decide como quer saudar a pessoa que lhe é apresentada: ou estende a cara para um beijo, ou estende a mão em posição vertical para um aperto de mão, ou levanta ligeiramente a mão para ser beijada, (se for casada e o apresentado for um homem, claro!). Mas profissionalmente esta regra não se aplica: o aperto de mão deveria ser o cumprimento comum. É a pessoa mais importante, seja homem ou mulher, que deve tomar a iniciativa de estender a mão. Em Portugal e Espanha, a maioria das executivas cumprimenta beijando logo a pessoa que lhe é apresentada, sobretudo se também for uma senhora. Nos restantes países da Europa continua a ser costume estender a mão num primeiro contacto profissional.

Num restaurante não se deve cumprimentar os conhecidos senão com um aceno de cabeça para não os obrigar a levantar-se a meio da refeição para apertar a mão ou dar um beijo (quantas vezes, lambuzado...).

O aperto de mão surgiu durante o Império Romano, não como expressão de amizade mas como compromisso de honra, pois era a maneira de demonstrar que não se estava armado. Daí ser a mão direita que se estende, visto que era com essa mão que se segurava a espada. Durante a Revolução Industrial, o mesmo gesto foi adotado para selar negócios. E hoje em dia é o gesto mais comum do estabelecimento de uma comunicação não-verbal amistosa.

Existe uma regra que diz que não se deve estender a mão enluvada. É claro que se estiver no meio da rua, com um frio intenso, e alguém lhe estender a mão para a cumprimentar não é absolutamente necessário descalçar as luvas antes de estender a mão para retribuir o cumprimento. A propósito, as senhoras não devem estender a mão para ser beijada na rua ou, se se preferir, os senhores não devem beijar as mãos das senhoras no meio da rua. Sendo certo que este cumprimento tem vindo a cair em desuso entre nós e só é usado por alguns senhores para demonstrar uma finíssima educação.

Em relação ao aperto de mão devemos lembrar-nos de que, se a mão é, como dizia Immanuel Kant, «a parte visível do cérebro», convém ter todo o cuidado para que ela não transmita alguns dos nossos estados de alma como o nervosismo, o desejo de dominar, o medo, a insegurança, etc.

Há quem use o truque de interromper negociações importantes com a entrada inesperada de um colaborador. Através do aperto de mão que o visitante é obrigado a dar para o cumprimentar, este fica a saber se ele está nervoso ou perfeitamente controlado.

Deve treinar o seu aperto de mão, por exemplo, em casa com os seus familiares, que são as pessoas que mais facilmente lhe dirão o que pensam do seu gesto.

Ao dar um aperto de mão deve olhar para os olhos do seu interlocutor. O contacto deve ser breve, mas acentuado pelo olhar e pela força do aperto de mão. Uma mão mole revela fraqueza de caráter, uma mão húmida, nervosismo. Se apenas estender a ponta dos dedos, a pessoa pode pensar que a despreza, mas, se apertar a mão com muita força, está a ser agressivo e grosseiro. Se tiver mãos húmidas, tenha sempre um lenço de papel no bolso direito e limpe a mão discretamente antes de a estender. Lembro-me de ter dado este conselho ao assessor de um ministro depois de ter ficado impressionada com um aperto de mão mole e peganhoso.

PRECEDÊNCIAS

Precedência, dizem os dicionários, é o substantivo feminino que significa «qualidade do que é precedente; preferência; primazia». A palavra designa ainda o «direito de preceder outrem ou de ocupar um lugar superior ao dele em cerimónias oficiais». Preceder, por seu turno, significa «anteceder, adiantar, antepor-se; vir antes de; estar colocado imediatamente antes de; ir adiante de». Isto basta para se entender porque é que as precedências constituem a questão essencial do protocolo.

Para os organizadores de eventos a precedência é o prévio estabelecimento de uma ordem entre as pessoas que realizam ou participam numa atividade protocolar em função da sua importância, nível ou relevância no seio da sociedade ou estrutura onde se encontram inseridas.

O objetivo deste ordenamento é obter a máxima eficácia dessa atividade ou a máxima dignidade dessa cerimónia. As precedências utilizam-se para cortejos, para composições de mesas, para elaboração de comissões de honra, ou seja, sempre que coincidam várias autoridades e tenham de ser ordenadas.

No carro com motorista

O lugar de honra é no banco de trás à direita (lado oposto ao do motorista).

O ocupante do lugar de honra entra primeiro pela porta da direita, seguido do ocupante do 2.º lugar, que entra pela porta do lado esquerdo. Se houver necessidade, o terceiro ocupante senta-se à frente ao lado do motorista.

O motorista deve manobrar de modo a que, à chegada, o lado direito do carro fique virado para o local a que o convidado de honra se vai dirigir:

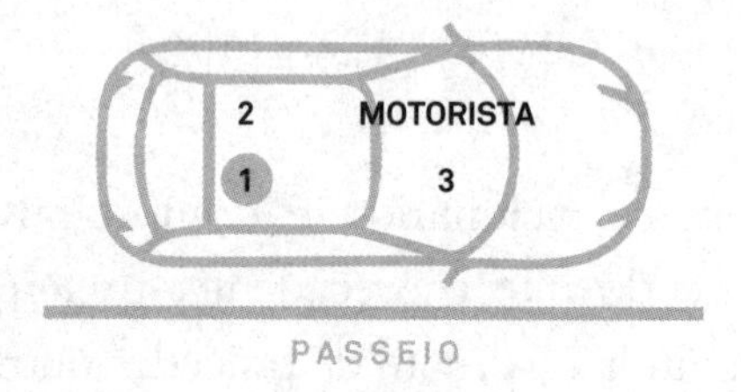

No carro sem motorista

O lugar de honra é ao lado do condutor:

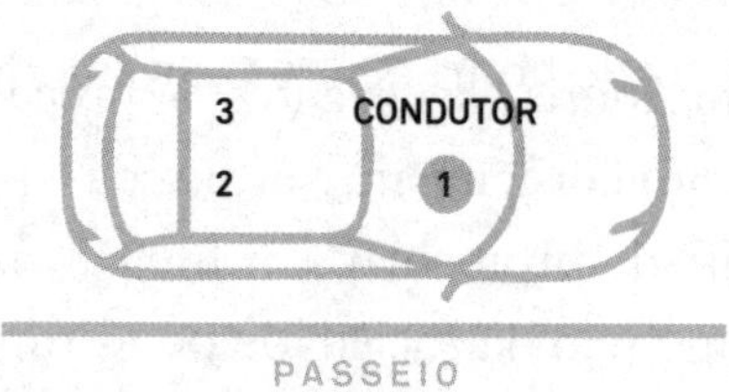

Se houver necessidade de levar mais alguém no carro, o pior lugar é, obviamente, no meio dos outros dois passageiros no banco de trás, por ser o lugar mais incómodo.

A pé

Deve dar-se a direita à pessoa de maior respeito, no caso de serem duas pessoas:

A exceção é andar num passeio de uma rua onde circulem carros. Nesse caso, deve dar-se sempre o lugar mais próximo da parede. Se o passeio for estreito, deve descer para a rua, cedendo o espaço do passeio à pessoa mais importante. Se atravessar para o outro lado da rua pode ter de passar a dar a esquerda em vez da direita.

No caso de serem três ou mais pessoas em número ímpar, o lugar de honra é o central:

No caso de serem quatro pessoas, traça-se uma linha imaginária ao centro e o lugar de honra ficará à direita dessa linha:

Num camarote

Se for central, segue-se a regra de que o 1.º lugar é o do centro e as precedências são direita/esquerda:

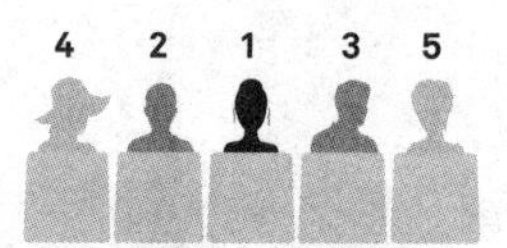

Se o camarote for lateral (esquerda ou direita do palco) o lugar de honra é aquele de onde se vê melhor o palco.

Num auditório

Existem auditórios de todos os tipos para organizar eventos. Quando se faz um assentamento é necessário ter a planta do auditório mas depois convém ir ao local verificar as entradas, a visibilidade e a acústica. Para um evento como um seminário ou conferência, a primeira fila é a melhor. Mas para um espetáculo de dança ou um concerto, essa não é a melhor fila e é preciso verificar em que fila devem ser colocadas as pessoas mais importantes. Normalmente essa fila fica a meio do auditório.

Se o auditório tiver duas coxias, a fila do centro é a mais importante em termos protocolares. Se houver uma mesa de presidência no palco, o lugar mais importante é em frente de quem presidir (fila central com numero ímpar de lugares):

a) **Auditório 1**

Se não houver esse corpo central de cadeiras mas dois separados por uma coxia central, havendo mesa de presidência a fila mais importante do ponto de vista protocolar é a do lado esquerdo de quem entra por ficar à direita de quem preside no palco:

b) **Auditório 2**

Se não houver mesa de presidência no palco, se for por exemplo um espetáculo, a fila do lado direito de quem entra passa a ser a mais importante:

c) **Auditório 3**

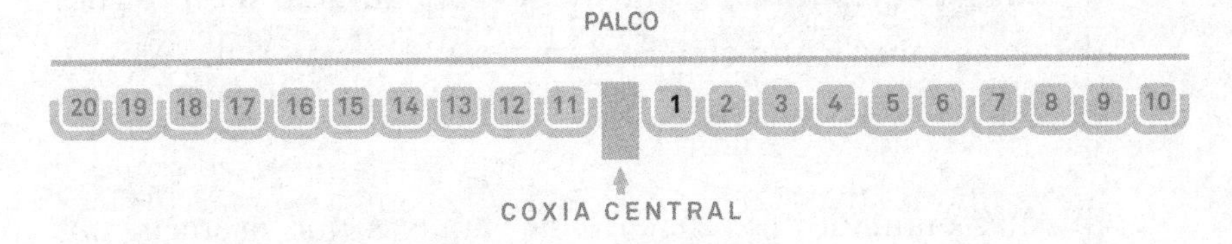

Podemos separar dois grupos de convidados. Na fila do lado direito sentar o anfitrião com as altas entidades e no lado esquerdo os convidados empresariais.

Nestas filas usa-se ordenamento linear e não se separam os casais, ou seja, para ordenar contam como se ocupassem apenas um lugar:

PRECEDÊNCIAS OFICIAIS

A lei das precedências do Protocolo do Estado português, que estabelece a «hierarquia e o relacionamento protocolar das altas entidades públicas», é a Lei n.º 40/2006, de 25 de agosto.

Antigamente usava-se o termo autoridade mas desde que foi publicada esta lei, com numerosas referências a altas entidades – nacionais, estrangeiras, internacionais (com particular destaque para as europeias) e diplomáticas, entidade passou a ser o termo utilizado para fazer uma distinção entre convidados.

A definição de quem merece esta designação não é clara com exceção das altas entidades diplomáticas. Quanto às outras, parece dever concluir-se o seguinte:

a) Altas entidades nacionais são as que constam da lista de precedências protocolares, desde o Presidente da República até aos membros dos gabinetes ministeriais, e ainda as que lhes devam ser equiparadas e que «serão enquadradas nas posições daquelas cujas competências, material e territorial, mais se aproximem das outras;

b) Altas entidades estrangeiras são aquelas que exercem nos respetivos países funções homólogas às das altas entidades nacionais e que têm por isso, nos termos da lei, direito a «tratamento protocolar equivalente»;

c) Altas entidades internacionais são os dirigentes ou altos funcionários de organizações internacionais como a ONU, a OTAN ou o Conselho da Europa, e que, também elas, «têm tratamento protocolar equivalente às entidades nacionais homólogas»;

d) Altas entidades europeias são os titulares dos principais órgãos da União Europeia: o presidente do Parlamento Europeu, o presidente do Conselho Europeu, o presidente da Comissão Europeia, etc. (cf. União Europeia).

No tocante às altas entidades estrangeiras consideram-se as entidades constantes das listas de precedências protocolares vigentes nos seus países de origem. Mas, por vezes, devem ser incluídas também as entidades que, não constando daquelas listas, exerçam no entanto funções que em Portugal dão direito ao título e ao tratamento de alta entidade.

A questão não é meramente académica. Na Alemanha, como na Bélgica, como na Itália, os cardeais e os bispos da Igreja Católica fazem parte da lista de precedências protocolares em vigor naqueles países. Em Portugal, não. Os cardeais e bispos alemães, belgas ou italianos devem ser considerados «altas entidades estrangeiras»? Se sim, como dispensar-lhes tratamento protocolar equivalente às «entidades nacionais homólogas», se nenhum, ou quase nenhum, está previsto?

Por outro lado, em nenhum país da União Europeia, um assessor ou adjunto de um membro do governo é considerado uma alta entidade. Mas é-o em Portugal. Um assessor de ministro estrangeiro de visita a Portugal transforma-se numa alta entidade estrangeira?

A resposta a estas perguntas parece estar no art.º 34.º, segundo o qual «as altas entidades de Estados estrangeiros e de organizações internacionais têm tratamento protocolar equivalente às entidades nacionais homólogas». Ou seja: para efeitos protocolares, só devem ser consideradas altas entidades estrangeiras aquelas que ocupem cargos homólogos das altas entidades nacionais.

No artigo 7.º desta Lei, refere-se que «para efeitos protocolares, as altas entidades públicas hierarquizam-se pela ordem seguinte»:

1.º Presidente da República;
2.º Presidente da Assembleia da República;
3.º Primeiro-Ministro;
4.º Presidente do Supremo Tribunal de Justiça e Presidente do Tribunal Constitucional;
5.º Presidente do Supremo Tribunal Administrativo e Presidente do Tribunal de Contas;
6.º Antigos Presidentes da República;
7.º Ministros;
8.º Presidente ou Secretário-Geral do maior partido da Oposição;
9.º Vice-Presidentes da Assembleia da República e Presidentes dos Grupos Parlamentares;
10.º Procurador-Geral da República;
11.º Chefe de Estado-Maior General das Forças Armadas;
12.º Provedor de Justiça;
13.º Representantes da República para as Regiões Autónomas dos Açores e da Madeira;
14.º Presidentes das Assembleias Legislativas das Regiões Autónomas;
15.º Presidentes dos Governos Regionais;
16.º Presidentes ou Secretários-Gerais dos outros partidos com representação na Assembleia da República;
17.º Antigos Presidentes da Assembleia da República e Antigos Primeiros-Ministros;
18.º Conselheiros de Estado;
19.º Presidentes das Comissões Permanentes da Assembleia da República;
20.º Secretários e Subsecretários de Estado;
21.º Chefes dos Estados-Maiores da Armada, do Exército e da Força Aérea;
22.º Deputados à Assembleia da República;
23.º Deputados ao Parlamento Europeu;
24.º Almirantes da Armada e Marechais;
25.º Chefes da Casa Civil e Militar do Presidente da República;
26.º Presidentes do Conselho Económico e Social, da Associação Nacional dos Municípios Portugueses e da Associação Nacional das Freguesias;
27.º Governador do Banco de Portugal;
28.º Chanceleres das Ordens Honoríficas Portuguesas;
29.º Vice-Presidente do Conselho Superior da Magistratura;

30.º Juízes-Conselheiros do Tribunal Constitucional;
31.º Juízes-Conselheiros do Supremo Tribunal de Justiça, Supremo Tribunal Administrativo e Tribunal de Contas;
32.º Secretários e Subsecretários Regionais dos Governos das Regiões Autónomas dos Açores e da Madeira;
33.º Deputados às Assembleias Legislativas das Regiões Autónomas;
34.º Comandante-Geral da Guarda Nacional Republicana e Diretor Nacional da Polícia de Segurança Pública;
35.º Secretários-Gerais da Presidência da República, Assembleia da República, Presidência do Conselho de Ministros e Ministério dos Negócios Estrangeiros;
36.º Chefe do Protocolo do Estado;
37.º Presidentes dos tribunais da relação e tribunais equiparados; presidentes do Conselho de Reitores das Universidades Portuguesas e do Conselho Coordenador dos Institutos Politécnicos; bastonários das ordens e presidentes das associações profissionais de direito público;
38.º Presidentes da Academia Portuguesa da História e da Academia de Ciências de Lisboa; reitores das universidades e presidentes dos institutos politécnicos de direito público;
39.º Membros dos Conselhos das Ordens Honoríficas Portuguesas;
40.º Juízes desembargadores dos tribunais da relação e tribunais equiparados e procuradores-gerais adjuntos; vice-reitores das universidades e vice-presidentes dos institutos politécnicos de direito público;
41.º Presidentes das Câmaras Municipais;
42.º Presidentes das Assembleias Municipais;
43.º Governadores civis;
44.º Chefes de gabinete do Presidente da República, do Presidente da Assembleia da República e do Primeiro-Ministro;
45.º Presidentes, membros e secretários-gerais ou equivalente dos conselhos, conselhos nacionais, conselhos superiores, conselhos de fiscalização, comissões nacionais, altas autoridades, altos-comissários, entidades reguladoras, por ordem de antiguidade da respetiva instituição; diretores-gerais e presidentes dos institutos públicos, pela ordem dos respetivos ministérios e dentro destes da respetiva lei orgânica; provedor da Misericórdia de Lisboa e presidente da Cruz Vermelha Portuguesa;

46.º Almirantes e oficiais generais com funções de comando, conforme a respetiva hierarquia militar; comandantes operacionais e comandantes de zona militar, zona marítima e zona aérea, das Regiões Autónomas dos Açores e da Madeira;
47.º Diretores do Instituto de Defesa Nacional e do Instituto de Estudos Superiores Militares; comandantes da Escola Naval, da Academia Militar e da Academia da Força Aérea; almirantes e oficiais generais de 3 e 2 estrelas;
48.º Chefes de gabinete dos membros do Governo;
49.º Subdiretores-gerais e diretores regionais;
50.º Juízes de comarca e procuradores da República;
51.º Vereadores das Câmaras Municipais;
52.º Assessores, consultores e adjuntos do Presidente da República, do Presidente da Assembleia da República e do Primeiro-Ministro;
53.º Presidentes das Juntas de Freguesia;
54.º Membros das Assembleias Municipais;
55.º Presidentes das Assembleias de Freguesia e membros das Juntas e das Assembleias de Freguesia;
56.º Diretores de serviço;
57.º Chefes de divisão;
58.º Assessores e adjuntos dos membros do Governo;

Como neste diploma se estabelece que «para as altas entidades públicas, a lista de precedências constante desta lei prevalece sempre, mesmo em cerimónias não oficiais» aconselho todos os organizadores de eventos a levarem sempre no bolso do casaco uma cópia desta lei para consulta rápida em caso de dúvidas. Mas sobretudo para explicar a determinados convidados a razão por que não foram para a mesa principal ou para a primeira fila da plateia.

Existem, por outro lado, as chamadas precedências de cortesia que, não sendo obrigatórias, podem ser respeitadas consoante as circunstâncias e os locais onde decorrem as cerimónias. Por exemplo, numa cerimónia dentro de uma empresa, o CEO pode querer dar precedência ao *Chairman* ou ao fundador da companhia. Se isso implicar não colocar outro convidado no lugar que lhe competia, deve explicar-se antecipadamente a razão dessa alteração da ordem das precedências. Uma razão que toda a gente aceita bem é dizer que «como o outro senhor é muito mais velho...».

Outro caso frequente é haver convidados estrangeiros com categorias equivalentes aos convidados nacionais. Nesse caso é da mais elementar cortesia que os estrangeiros precedam os portugueses.

AS EXECUTIVAS E AS PRECEDÊNCIAS

No caso de uma mulher executiva, há que recorrer ao senso comum para resolver os problemas protocolares colocados pela igualdade profissional. Por mais que se fale na igualdade e por mais que as feministas lutem por um tratamento igual, a maioria das mulheres continua a aceitar (com agrado) que lhe segurem a porta para ela passar, que a deixem passar à frente, que lhe ofereçam o lugar, etc. Isto continua a ser prática vigente no plano social. Mas também no plano profissional os «privilégios» femininos continuam a ser respeitados.

Dado que na vida profissional ninguém deve, por lei, ser prejudicado ou ser beneficiado em função do género, desde que haja diferença hierárquica, a pessoa de nível superior deve passar à frente, independentemente de ser um homem ou uma mulher. E, no caso de se tratar de um visitante, este precede sempre o homólogo da empresa. No entanto, existem ainda muitos homens que fazem questão de continuar a tratar **as** colegas com mais deferência e cortesia do que **os** colegas. E, por isso, em igualdade de circunstâncias – leia-se: mesmo nível hierárquico – a senhora passa à frente. Claro que, quando o superior faz sinal a outra pessoa para lhe passar à frente, por exemplo, ao chegarem a uma porta, essa pessoa deve fazê-lo sem hesitar, mas agradecendo. Recordo-me de uma vez que acompanhei o Primeiro-Ministro a uma cerimónia em que também estava presente o Presidente da República. Quando os dois se dirigiram para a porta eu segui atrás deles com o resto da comitiva. Mas o Presidente da República, quando chegou à porta, em vez de passar à frente do Primeiro-Ministro, olhou para trás (eu era a única senhora) e fez-me sinal para passar. Eu agradeci e sem hesitar, passei à frente dos dois. Quem tem a precedência é que a pode ceder...

Agora faça uma pausa na leitura para preencher o questionário abaixo e só depois continue a ler para saber qual a avaliação dos seus conhecimentos.

QUAL O SEU NÍVEL DE CONHECIMENTOS DO PROTOCOLO EMPRESARIAL?

1. Diz palavrões dentro da empresa?
   a) Nunca b) Muitas vezes c) Às vezes
2. As suas maneiras à mesa são idênticas quer se trate de um jantar muito formal ou de um almoço de negócios?
   a) Sim b) Não c) Às vezes
3. Antes de contactar pessoas de outra cultura procura saber se existe um protocolo especial para não as ofender?
   a) Sim b) Não c) Às vezes
4. Costuma devolver as chamadas telefónicas?
   a) Sim b) Não c) Às vezes
5. Agradece por escrito ou pelo telefone todas as amabilidades que recebeu, por exemplo, no decurso de uma viagem de negócios?
   a) Sim b) Não c) Às vezes
6. Quando o convite indica R.S.F.F., responde dentro de quarenta e oito horas?
   a) Sim b) Não c) Às vezes
7. Responde logo às mensagens importantes e às outras no espaço de uma semana?
   a) Sim b) Não c) Às vezes
8. Manda e agradece as Boas Festas a tempo?
   a) Sim b) Não c) Às vezes

SOLUÇÕES

Se respondeu a todas as perguntas escolhendo a opção **a**), os seus conhecimentos de protocolo empresarial são excelentes e este livro tem apenas a utilidade de os sistematizar. É óbvio, por exemplo, que a última pergunta não tem uma resposta fácil. As Boas-Festas são muitas vezes a única comunicação carinhosa ou desinteressada que se estabelece com empresas ou clientes distantes. Por isso deve fazer um esforço para mandar a tempo e retribuir até ao Dia de Reis os votos de quem se lembrou de nós, mesmo que não estejam na nossa *mailing list*. Mas registar e enviar Boas-Festas acaba por ser a praga anual que prejudica o espírito natalício de qualquer pessoa, em vez de o promover. Já agora não se esqueça de assinar o cartão de Boas-Festas. Mesmo que junte o seu cartão de visita, este só serve para ajudar a decifrar a assinatura muitas vezes ilegível. Em relação às Boas-Festas eletrónicas basta responder automaticamente com a frase «Agradeço e retribuo os votos de Boas-Festas, desejando um excelente Ano Novo» seguido da sua assinatura.

Se respondeu escolhendo uma maioria de respostas **b**) este livro vai ser-lhe muito útil.

Finalmente, se a maioria das suas respostas for c), os seus conhecimentos de protocolo empresarial são razoáveis e só é pena não os aplicar sempre.

*

VESTUÁRIO

«Um princípio qualquer, uma causa determinada tem sempre a voga desta ou daquela moda. As cinturas curtas deveram-se ao mal talhado dos corpos ingleses, e à necessidade que tinham as senhoras desta nação de emendar o defeito da natureza» (Almeida Garret)[5].

A maneira de vestir pode disfarçar ou realçar defeitos. E a moda pode, e deve, ser adaptada ao corpo de cada um para favorecer a imagem.

Quando se troca a escola pelo emprego numa empresa formal, a maneira de vestir sofre uma mudança radical. Os *jeans*, uniforme diário de muitos anos, passam a ser usados só no fim de semana; as gravatas tornam-se um acessório quotidiano para os rapazes, e o mesmo sucede com os saltos altos e os *collants* transparentes para as raparigas. Não é necessário, contudo, adotar um novo uniforme quando se começa a trabalhar. Pode sempre adaptar-se a maneira de vestir à maneira de ser, à figura, ao gosto de cada um. Como também dizia Almeida Garrett «A beleza principal da moda consiste na sua variedade e inconstância»[6].

A única coisa que deve lembrar-se é de que o traje deve estar de acordo com o seu género e o seu estatuto profissional. As senhoras, por exemplo, não precisam de adotar um traje «másculo e dinâmico» para serem levadas a sério na carreira. Mas também não devem cobrir-se de enfeites, joias, laços e folhos para marcar a sua feminilidade. E, se trabalharem numa empresa tradicional, não devem usar nos dias úteis as roupas que usam aos fins de semana.

Uma executiva que tem de sair diretamente do escritório para uma receção pode adaptar a roupa que usou durante todo o dia, substituindo os sapatos por uns de salto mais alto, trocando a carteira grande por uma mais pequena e acrescentando alguma peça

---

5 *O Toucador – Periódico sem Política*, pág. 35, Ed. Vega, 1993.

6 *O Toucador – Periódico sem Política*, pág. 40, Ed. Vega, 1993.

de bijuteria. Uns brincos compridos ou um colar vistoso transformam radicalmente um vestido ou saia-casaco de cores neutras.

Quando o emprego implica uma intensificação da vida social, as regras de vestuário são mais rigorosas, até para evitar que, ao chegar a uma receção para a qual foi convidado pelo presidente da sua empresa, descubra que, além dos empregados de mesa, é a única pessoa de *smoking*...

Quando se recebe um convite que não menciona nenhum traje específico nem sempre é fácil saber como se deve ir vestido. Em primeiro lugar é necessário saber se se trata de uma cerimónia de dia ou à noite. Se a cerimónia for à noite (jantar, concerto, receção), os homens devem ir de fato escuro e as senhoras de vestido curto ou saia-casaco de tecidos nobres (seda, crepe, etc). Se for de dia (almoço, sessão solene, etc.), as senhoras podem ir com um conjunto de tecido mais prático (saia-casaco ou vestido de linho, algodão, lã, etc.), mas os homens devem ir de fato escuro no inverno e de fato claro no verão. Os fatos príncipe-de-gales e os *blazers* são mais apropriados para trabalho ou lazer.

Estas regras chegam para evitar surpresas desagradáveis – até porque, quando se pretende que os convidados se apresentem vestidos de forma mais solene, a informação deve constar no convite que se envia. Essa indicação tanto se pode inscrever no canto esquerdo do convite como no canto direito (se se escrever a morada no canto esquerdo).

Trajes formais que podem constar nos convites:

Casaca

Dentro dos trajes pedidos para eventos é em Portugal o menos comum. No século XIX era o traje de gala noturno por excelência e em regimes monárquicos ainda é muito usado. Atualmente, em Portugal só é pedido para bailes ou receções muito solenes (por exemplo, em honra de soberanos ou outros chefes de Estado). Foi sendo substituído pelo *smoking*. O traje correspondente para as senhoras é o vestido comprido.

A casaca é preta com abas e tem bandas de seda ou cetim. Usa-se com calças da mesma cor (e, é claro, do mesmo tecido), ornadas, como as do *smoking*, com um galão que desce da cintura à bainha das calças. A casaca veste-se sobre uma camisa branca, com peitilho e colarinhos quebrados que costumavam ser engomados (com goma). Entre a casaca e a camisa veste-se um colete branco. Há porém um caso em que o colete é preto: sempre que a casaca seja usada até ao pôr do sol, como por exemplo para cerimónias académicas extremamente formais (doutoramentos nalgumas universidades portuguesas).

Com a casaca usa-se um laço – e a cor do laço, essa, é que não muda nunca, seja a casaca vestida de noite ou de dia. Com efeito, o laço é sempre branco, ao contrário do laço do smoking, que é (ou devia ser) sempre preto. É por isso aliás que, nos países de língua inglesa, quando o traje exigido é a casaca, o que se escreve no convite é «white tie»; enquanto, se for *smoking*, o convite dirá «black tie». Em Espanha, a casaca pode usar-se ao fim da tarde para cerimónias muito protocolares mas o *smoking* só se usa à noite.

Em Portugal, a casaca é o único traje civil com que se podem usar condecorações e as chamadas «miniaturas» – reproduções em tamanho reduzido das condecorações com que se foi distinguido. As condecorações só se usam sobre grandes uniformes e casaca. Há em todo o caso uma exceção a esta regra. Uma condecoração pode ser ostentada no seu tamanho natural sobre um fato (como dizer?) civil desde que tenha sido recebida nesse dia. Até porque não houve tempo para mandar fazer a sua miniatura...

Já agora, diga-se que a colocação das condecorações (ou das suas miniaturas) obedece a uma ordem, que deve ser respeitada. Em caso de dúvida, basta consultar na página da Presidência da República a Lei das Ordens Honoríficas Portuguesas.

Quanto à tradição de casaca para eventos internacionais há que ter o cuidado de saber que em inglês se pede *white tie*, *tails* ou *full evening dress* e em francês, *habit* ou *cravate blanche* ou *tenue de gala*. O problema maior surge em Espanha onde casaca se traduz por *frac*, induzindo em erro muitos portugueses ilustres que imediatamente traduzem *frac* por fraque.

Smoking

É o traje masculino que vem substituindo a casaca. A menos que se trabalhe num restaurante ou num casino, só deve ser usado à noite para jantares formais, receções oficiais, festas, etc. O traje para senhoras é vestido curto muito chique, a não ser que o convite indique vestido comprido. Em Portugal, ao contrário de outros países, não se devem usar condecorações com o *smoking*.

O *smoking* é, em resumo, um fato preto, cujo casaco tem bandas de seda ou cetim e as calças um galão de seda de cada lado, tal qual as calças da casaca. Para além disso, o casaco, se for cruzado, tem dois botões; e, se não for, tem um. Usa-se com camisa branca, de piquê ou de seda, com peitilho. O *smoking* usa-se com colete (preto) ou com uma faixa à volta da cintura (preta, também). Quanto aos sapatos, valem as regras estabelecidas para a casaca, embora se aceite, com crescente benevolência, o uso de sapatos de fivela.

O uso do *smoking* consente algumas liberdades. Por isso é que o duque de Windsor lançou a moda dos *smokings* azuis-escuros – porque, segundo se diz, considerava que o preto com luzes artificiais lhe fazia má cara. Teria porventura razão. E, em todo o caso, tinha direitos. Foi de facto ele quem, dando grande uso ao *smoking* nas muitas festas em que participava, lhe deu também as suas cartas de nobreza.

O anterior rei de Espanha, por sua vez, resolveu que a camisa branca podia ser substituída por uma camisa azul-clara. Essa «moda» tem alguns adeptos no país vizinho com uma frequência porventura excessiva e uma vantagem manifestamente duvidosa. Também há quem goste de dar cor à vida e use o *smoking* com laços e faixas de cor. Mas esses exotismos já conheceram melhores dias. Finalmente, no verão, o casaco de *smoking* pode ser branco mas as calças continuam a ser pretas.

Convém ter presente que, sendo embora uma palavra inglesa, em Inglaterra o *smoking* não aparece nos convites britânicos para jantares, festas e receções a que se deve ir... de *smoking*. É que, nos reinos e domínios de Isabel II, o *smoking* dá pelo nome de *dinner jacket* – o que tem aliás uma explicação. Ele teria sido inventado por Eduardo VII a bordo do seu iate, em Cowes. Cansado dos incómodos a que a casaca o obrigava quando se sentava para jantar, mandou-lhe cortar as abas – ou asas de grilo, como alguns gostam de dizer – e passou a usar essa jaqueta para jantar mais confortavelmente.

Os amigos do rei de Inglaterra adotaram rapidamente a nova moda e era de jaqueta de jantar que, depois dessa refeição, se demoravam a beber e (sobretudo) a fumar. Daí viria o *smoking* – que, ao princípio, devia exatamente chamar-se *dinner & smoking jacket*... E, como se usava com *black tie*, foi com esta expressão – mas também com a de *dinner jacket*, ou com ambas (*dinner jacket & black tie*) – que os ingleses passaram a indicar, nos seus convites, a exigência de *smoking*.

Os franceses traduziram a expressão *black tie* à letra – e, para festas de *smoking*, podem escrever *cravate noire*. Mas também podem dizer, tal como nós, *smoking*. Ou, ainda, *tenue de soirée*.

Nos EUA, além dos termos anteriores, usa-se ainda o termo *tuxedo*, porque terá sido num clube masculino chamado Tuxedo Club onde, em 1886, este traje apareceu pela primeira vez.

O traje correspondente para senhoras é vestido curto chique, a não ser que o convite indique expressamente «*Smoking* e vestido comprido». Em Portugal, não se usam condecorações com o *smoking* mas pode usar-se uma roseta na lapela. Noutros países europeus, aceita-se o uso de uma ou mais condecorações (ou, antes, das miniaturas já referidas). E o normal é que este uso passe a ser universalmente aceite. Com a casaca a transformar-se cada vez mais numa peça de museu, como hão de os homens dar as suas condecorações a ver?

Fraque

É por excelência o traje de cerimónia que se usa durante o dia. Os ingleses chamam-lhe aliás *morning coat*, embora o usem também ao princípio da tarde. À noite é que o seu uso está rigorosamente proibido – embora ainda não me tenha esquecido de um compatriota nosso que, todo pimpão, compareceu às dez da noite no Palácio da Ajuda, para beijar a mão da rainha Isabel II, vestido como se fosse para as corridas de Ascot ou para o casamento da filha: de fraque e calças de fantasia...

Entre nós, o fraque não é traje a que se dê muito uso nas cerimónias oficiais. Tirando as apresentações de credenciais ao Presidente da República e os cumprimentos de Ano Novo do corpo diplomático, quase não é vestido pelos membros da nossa ilustre classe política.

Por isso, os fraques são sobretudo vistos em casamentos – vestidos pelo noivo e pelos seus padrinhos ou mesmo por todos os convidados do sexo masculino. Mas o fraque não é traje para todos os casamentos. Apenas deveria ser usado de manhã ou durante as primeiras horas da tarde. O casaco é de flanela preta, antracite ou cinzenta e as calças ou são de fantasia (quando o fraque é preto) ou cinzentas (quando o fraque é cinzento).

Os fraques cinzento claro usam-se sobretudo para assistir às corridas de cavalos (em Ascot, Longchamps e assim), podendo também vestir-se para casamentos.

O fraque usa-se com colete cinzento ou bege, para festas, embora alguns *gentlemen* britânicos tenham em tempos lançado a moda de coletes de brocado, muito floridos e coloridos. Mas a moda não parece ter pegado deste lado do canal da Mancha.

Para cerimónias oficiais e religiosas o colete é preto. A lei estabelece que com traje civil que não seja de gala, como é o fraque, o Presidente da República pode usar a miniatura das Três Ordens. Apesar de em nenhum lado aparecer referido que outras entidades com traje civil possam usar outras miniaturas, na cerimónia de cumprimentos de Ano Novo do corpo diplomático acreditado em Lisboa, houve quem seguisse o exemplo presidencial colocando miniaturas na lapela.

Os chamados trajes de gala, a casaca ou o uniforme diplomático, são cada vez menos usados – e, por isso, as condecorações são cada vez menos exibidas. Ora, não é certamente para serem escondidas que elas são concedidas.

Uma outra moda lançada na Grã-Bretanha – e que tem no príncipe Carlos um dos seus mais devotos adeptos – é a de usar com o fraque camisas de riscas, mas com colarinho e punhos brancos. Em todo o caso, a regra é que se vista camisa branca – e se calcem sapatos pretos. Também aqui os sapatos não podem ser de outra cor. E o mesmo se diga da cor das meias.

O chapéu alto era, em tempos de uso obrigatório para quem se vestia de fraque. Mas, pelo menos em Portugal, as cartolas desapareceram praticamente da circulação – e neste, como noutros casos, não vale a pena remar contra a maré. A tradição já não é o que era...

No caso de o convite indicar fraque, as senhoras podem usar chapéu. E mesmo no verão deveriam usar meias (*collants*). Esta regra vinha do tempo em que numa igreja as senhoras levavam sempre as pernas tapadas mas, hoje em dia, com o uso de sandálias para casamentos, deixou de fazer sentido. O vestido deve ser curto e, se se tratar de uma cerimónia na igreja, não deve ter os ombros descobertos. Pode sempre cobri-los com uma *écharpe* se não quiser, ou não tiver, um casaco a condizer.

Nos EUA o termo que designa o fraque é *cutaway* e em França *jacquette*. Em Espanha diz-se *chaqué*; *frac* é para *nuestros hermanos*, como já referi, a casaca.

Fato Escuro

O fato escuro é uma indicação que diz diretamente respeito ao traje masculino. Por ela ficamos a saber que os homens não devem usar os trajes de maior cerimónia – o fraque, a casaca ou o *smoking* – mas também não devem ir vestidos como vão, todos os dias, para o escritório. É o traje mais pedido para jantares ou almoços de cerimónia e *cocktails*.

Muitos convites para jantares e receções limitam-se a indicar «fato escuro»; outros, nem sequer essa indicação trazem – o que só mostra aliás o bom gosto e a boa educação de quem os envia. Com efeito, quando se é convidado para esses jantares e receções, o que pertence é levar um fato escuro, azul ou cinzento[7]. Seria tão absurdo ir vestido de outra forma que a indicação de fato escuro deve ser considerada desnecessária – ou, a existir, pode ser considerada insultuosa.

Quando o convite pede fato escuro, está-se a dizer que o evento tem uma importância, uma solenidade, que exige algum requinte. Mas quando num convite impresso não vem a indicação de qual o traje a usar deve-se atender à hora do evento: se for de dia pode ir com fato claro, se for à noite deve ir de fato escuro, que pode ser azul ou cinzento com camisa branca ou de cor clara. A acompanhar os fatos escuros há uma regra muito importante: os sapatos devem ser sempre pretos. Os sapatos castanhos ou cor de vinho são sapatos diurnos, de trabalho ou de lazer – se assim me posso exprimir. Não são, em qualquer caso, sapatos para jantares, festas e receções, muito menos à noite.

No caso das senhoras, se nesse dia forem trabalhar com um saia casaco ou um vestido e um casaco elegantes, só precisam de, antes de partir para o evento ao fim do dia, acrescentar alguma bijuteria mais vistosa, trocar os sapatos por uns de salto mais alto e fino,

---

7 Vale a pena recordar, a este propósito, a sentença do duque de Bedford: *Um* gentleman *nunca se veste de castanho…*

a carteira por uma mais pequena e as meias opacas por meias de vidro. Para jantares muito formais que pedem fato escuro, é melhor trocar de roupa e «produzir-se» ainda mais com roupa brilhante que não é aconselhável de dia. Se se sente bem com cores garridas, não se iniba. Um vestido encarnado pode ser tão chique quanto um vestido preto. Mas, como dizia a Ivone Silva numa «revista» que fez grande sucesso no Parque Mayer, «com um vestido preto nunca me comprometo» ...

Tenha cuidado com as traduções. Em países anglo-saxónicos convida-se para um *informal dinner* quando se quer que os homens se apresentem de fato escuro e não de *smoking* (*formal dinner*). Em Portugal, pelo contrário, a palavra informal quer dizer exatamente isso: informal. Quando me convidaram para dar um curso a executivos anglo-saxónicos de uma empresa portuguesa, um deles agradeceu-me efusivamente uma informação: «Fico-lhe muito agradecido por finalmente ter percebido que informal em português se traduz por *casual* em inglês. É que quando comecei a ser convidado para jantar em casa de portugueses nunca conseguia acertar com o traje». Para evitar confusões é melhor pedir no convite ou no programa de trabalho *dark suit*.

Traje de passeio ou informal

Uma empresa portuguesa pediu traje de passeio no convite para o almoço comemorativo dos 50 anos da sua fundação e a confusão de trajes foi geral. Só os administradores que tinham passado por cargos governamentais se apresentaram como deve ser. E havia quem ainda insistisse «mas se eles diziam passeio», ignorando que as pessoas antigamente usavam para passear o seu fato domingueiro...

Hoje em dia, só no meio diplomático é que esta expressão ainda se usa para designar fato completo, mas não necessariamente cinzento ou azul-escuro, como se requer para ocasiões de maior cerimónia. Este era o traje pedido há alguns anos para almoços ou cerimónias com menor formalidade, mas onde se queria que os homens fossem de gravata.

Neste caso, passeio não significa obviamente ir à praia nem ao campo. Se preferir pode ir de *blazer* azul ou preto e calças cinzentas ou creme. A camisa de cor branca deixa de ser uma exigência. Os sapatos pretos também. (Conselho de amiga: em caso de dúvida quanto ao grau de informalidade, leve gravata. Tendo-a, pode sempre tirá-la; mas, não a tendo, nunca a pode pôr – mesmo se os outros convidados, por infeliz coincidência, estiverem todos engravatados...) As senhoras podem usar roupa mais informal como saia e blusa, saia-casaco ou calças com casaco.

Este traje vem sendo substituído nalguns convites empresariais pela palavra «fato», de modo a evitar que as pessoas apareçam com os trajes que envergam para passear ao fim de semana.

Antigamente traje de passeio traduzia-se em francês por *tenue sport*. Mas, nos dias que correm *tenue sport*, nos países francófonos, quer dizer traje informal ou seja, sem gravata, porque hoje em dia já ninguém associa o *blazer* a atividades desportivas. Nalguns convites aparece agora *tenue semi-formelle* para evitar que alguém se lembre de ir de fato de treino…

Os britânicos têm dois graus para este tipo de traje: *smart casual* e *lounge suit* (por ordem crescente: *blazer* e gravata e fato completo de cor clara).

Quando o príncipe Carlos veio a Portugal o convite da Embaixada britânica para um almoço numa quinta do Ribatejo mencionava *smart casual*. O príncipe e os funcionários da embaixada estavam, como deve ser, de *blazer*, calças cinzentas e gravata. No entanto, a maioria dos convidados apareceu de fato escuro e até houve quem aparecesse de samarra.

Em programas de congressos, onde surge mencionado o *dress code* (código de vestuário) apropriado para cada ocasião, o traje de passeio pode ser traduzido como *business suit*, assim evitando muita confusão.

Em Portugal, a palavra informal quer dizer exatamente isso: informal[8]. Por isso, quando o convite trouxer uma destas duas indicações, o que pertence aos homens é vestir *blazer* ou fato claro.Nestas ocasiões, as senhoras podem usar roupa mais informal: saia e blusa, um saia-casaco prático, um vestido simples, etc.

Business casual

É o traje informal que por vezes é pedido nos convites para usar num ambiente de trabalho como por exemplo um encontro de quadros fora da empresa.

Para os homens, *business casual* não significa *t-shirts* nem camisas desapertadas até meio do peito. Camisas de botões no colarinho ou polos são boa escolha. As senhoras devem evitar blusas de alças, grandes decotes e minissaias ou umbigos à mostra. Os polos são aliás, para ambos os sexos, uma excelente opção. As calças de ganga devem ser clássicas sendo preferíveis os chinos ou *dockers*. E os sapatos, mesmo desportivos, devem ser calçados com meias. Se o evento for um jantar à noite os homens devem levar um *blazer*. O *business casual* não deve ser confundido com o *casual*.

Casual

Traje informal para vestir no ambiente familiar ou num fim de semana com amigos que, por influência norte-americana, foi adotado por algumas empresas portuguesas para permitir aos seus funcionários trabalhar à sexta-feira sem gravata. Mas este código de vestuário gera algumas dúvidas. Por exemplo, os ténis são de evitar mas os sapatos de vela são aceitáveis. As senhoras podem usar sandálias, mas não devem vestir calções. As camisas com botões no colarinho e os polos são bem vistos mas as gangas e as *t-shirts* muito

---

8 O termo inglês, neste caso, é *casual*, ou *lounge suit*.

coloridas não são aceites a não ser em meios criativos ou ligados ao mundo do espetáculo. As calças podem ser de sarja ou, até, de ganga clássica (mas não demasiado justas nem rasgadas ou desbotadas).

Alguns conselhos úteis

Vem em todos os livros: a elegância bem entendida começa nos pés. Ou, mais exatamente, nos sapatos. É por eles que se avalia o gosto de uma pessoa e o mais que se pode concluir da forma como uma pessoa se apresenta em público.

Lembre-se por outro lado de que os homens não têm regra geral nenhuma vantagem em mostrar as pernas. Por isso, esforce--se por usar meias suficientemente altas para que, quando cruzar as pernas, os seus tornozelos não fiquem à vista. Não costuma ser um espetáculo particularmente agradável. Mas será fatal se essa parte da sua anatomia for filmada pela televisão ou fotografada pela imprensa. A sua imagem ficará seriamente afetada...

A menos que queira ser como um ministro francês, que há anos apareceu envolvido em fumos de corrupção: para o defender, diziam os seus amigos que bastava olhar para as fotografias, onde ele aparecia sempre com meias curtas e de má qualidade, para se perceber que ele continuava a não ter onde cair morto.

No verão, em almoços (e jantares) muito informais, em casas de praia ou de campo, é hoje em dia muito aceitável não calçar meias, mesmo com sapatos de pala. Júlio Iglesias reivindica a autoria desta nova moda. Não há, nas bibliotecas e arquivos que consultei, documentos que atestem a veracidade desta reivindicação.

Se for convidado para um passeio ou almoço no barco de alguém, não se esqueça de que só deve usar sapatos com sola de borracha ou de corda. Os *Top-Siders* (ou *docksiders*) são os mais adequados seja para homem, seja para mulher. Não apenas por serem os mais cómodos e seguros para si mas também porque não estragam os *decks* dos barcos. É que, se se apresentar de saltos altos ou mocassins com sola de couro, a tripulação pode sentir-se tentada a pedir-lhe que se descalce...

Quanto ao traje deve ser o mais cómodo possível, devendo incluir sempre uma camisola – por mais alta que seja a temperatura no momento do embarque. De preferência, as suas roupas devem estar desbotadas pelo sol e pelo sal do mar. Dizem os ingleses que leva uma geração a fazer um *businessman*, três gerações a fazer um *gentleman* e sete a fazer um *yachtman*...

*

TESTE A SUA IMAGEM

Complete as seguintes frases usando uma das três opções:

1. No meu emprego vestem-se:

   a) como eu; b) de maneira mais formal; c) nunca reparei

2. Escolhi os meus óculos:

   a) por serem bonitos e úteis; b) por serem úteis; c) sem pensar nisso

3. Corto o cabelo:

   a) quando preciso; b) de 3 em 3 meses; c) raramente

4. Preocupo-me com a minha imagem

   a) todos os dias; b) raramente; c) nunca

5. Quando vou para um almoço de trabalho e me despenteio no caminho:

   a) vou à casa de banho pentear-me antes de me sentar; b) não me preocupo; c) dou uma penteadela rápida antes de encomendar a comida

6. Quando estou num almoço de negócios e toca o telemóvel:

   a) não atendo a chamada; b) peço licença por ser urgente e atendo fora da mesa; c) atendo a chamada sem explicações.

7. Se fico com um pedaço de comida nos dentes, durante uma refeição num restaurante:

   a) vou à casa de banho e retiro-o; b) tento tirá-lo com a língua discretamente; c) peço um palito e uso-o discretamente

8. Escrevo e exprimo-me em português:

   a) com muita facilidade; b) sem dificuldade; c) com alguma dificuldade

SOLUÇÕES

Todas as respostas c) indicam aspetos em que a sua imagem precisa de ser melhorada. Se, pelo contrário, todas as suas respostas forem a), deve ter uma imagem ótima.

ESCREVER E RESPONDER: A COMUNICAÇÃO ESCRITA

CARTAS

A crescente utilização do telemóvel e do computador determinou profundas alterações no processo de comunicação entre pessoas ou empresas. Não obstante, a carta continua a ser uma forma de comunicação escrita formal.

Escrever uma carta, hoje em dia, é muito diferente do que era há anos: as novas tecnologias influenciaram a escrita comercial, determinando a sua simplificação. Por exemplo: as formas de cortesia usadas quando comecei a trabalhar eram longas e pomposas («Com a expressão do mais elevado respeito e consideração, apresento a V. Ex.ª os meus melhores cumprimentos»). Hoje, essas expressões caíram em desuso e foram substituídas por fórmulas mais simples e breves («Com os melhores cumprimentos»).

Mas, se a escrita mudou, a carta não deixou de ser, por isso, um veículo muito eficiente de comunicação e transmissão de informações. E continua a ser uma das imagens de marca de qualquer empresa.

Daí a importância da escolha do papel, que há de ser de boa qualidade, ou no logótipo, que deve ser sugestivo. Mas daí, também, a importância de uma redação cuidada e bem apresentada, do princípio ao fim da carta, de modo a que não haja contradição entre a qualidade da embalagem e o sentido da mensagem.

Neste domínio, há uma regra básica de cortesia: toda a carta – toda a carta assinada, é evidente – tem resposta. E esta deve ser dada num prazo razoável, mesmo que se limite a afirmar que a carta foi recebida.

Uma amiga minha escreveu aos Serviços de Pessoal (ou de Recursos Humanos, como agora se diz) de uma determinada Companhia de Seguros, oferecendo os seus serviços. A sua carta não obteve qualquer resposta. Quando, já empregada, comprou um carro e teve de fazer um seguro, a primeira decisão foi não recorrer aos serviços daquela seguradora...

É claro que os impressos e as circulares não são cartas, não pedindo nem merecendo resposta.

Outra regra de cortesia, nesta matéria, é a de que não se deve nunca abrir ou ler uma carta diante de outra pessoa. Ao fazê-lo, estamos de algum modo a virar as costas a essa pessoa, interrompendo a comunicação que se tinha estabelecido com ela. Claro que, num escritório, quando chega um memorando com a indicação de urgência, pode e deve verificar-se o seu conteúdo. Mas também se deve sempre pedir desculpa e explicar a razão da aparente descortesia: «Se não se importa, vou só verificar se é tão urgente como dizem»... Nessa altura, o visitante procurará interessar-se por outra coisa, consultar a agenda, observar um quadro, e dirigir-se para a janela, até que a pessoa que o recebe acabe de ler o documento.

E óbvio que, tratando-se de uma carta de apresentação ou recomendação, trazida pela pessoa que se recebe, é obrigatório abri-la de imediato e lê-la com atenção.

*

CORRESPONDÊNCIA OFICIAL

Antigamente o papel selado era obrigatório para fazer requerimentos a entidades oficiais. Hoje os requerimentos fazem-se quase sempre *online* ou em qualquer folha de papel branco.

Na correspondência oficial, a linguagem também sofreu uma nítida simplificação. Mas continua a obedecer a regras específicas, mais formais do que as que regem a correspondência comercial. No caso do Presidente da República, por exemplo, a correspondência deve ser sempre dirigida ao Chefe da sua Casa Civil, ou ao Chefe do seu Gabinete. Um Chefe de Estado, mandam as regras do protocolo em todo o mundo, só se corresponde diretamente com outro Chefe de Estado.

Em regra, nos Ministérios, a correspondência é aberta na Secretaria-Geral e por ela distribuída pelos diversos serviços, incluindo o gabinete do Ministro. Aqui, o Chefe do Gabinete é, em princípio, a pessoa encarregada de dar resposta à carta recebida. Mas, dada a crescente especialização das tarefas e a existência de diversos assessores em cada Gabinete, é o assessor da área a que a carta diz respeito que lhe dará a devida resposta.

Na correspondência oficial, como aliás em qualquer tipo de correspondência (excetuando talvez as cartas de amor...), deve-se ser breve e conciso. Desta forma, mostra-se, desde logo, que se sabe o que se quer.

Por outro lado, poupam-se ao destinatário esforços de leitura ou interpretação da carta recebida. Por estranho que pareça, até no Estado, tempo é dinheiro. E convém não esquecer que os governantes recebem, todos os dias, centenas ou milhares de cartas.

Quando trabalhei em S. Bento, encontrei um funcionário da Secretaria-Geral da Presidência do Conselho que evocava, com uma lágrima ao canto do olho, os bons tempos do papel selado. É que, dizia ele, as coisas corriam melhor quando os cidadãos só dispunham de trinta e cinco linhas para dizer o que queriam. Muitas vezes, perante as exposições intermináveis e os requerimentos confusos que, às dezenas, passaram pelas minhas mãos, confesso que me senti tentada a concordar com o velho burocrata.

Na correspondência oficial, como aliás na correspondência comercial, as cartas são impressas. Mas pertence que, antes da carta propriamente dita (e abaixo da indicação do destinatário, quando ela seja inscrita na mesma folha de papel), se escrevam, à mão, algumas palavras: «Senhor Ministro» ou «Senhor Diretor-Geral» ou, ainda, no caso de haver relações de amizade com o destinatário, «Meu Caro Amigo». A fechar a carta, à fórmula de cortesia impressa «Com os melhores cumprimentos», fica bem acrescentar, à mão, uma expressão como, por exemplo, «também pessoais» ou «de muita consideração e apreço». No caso de haver estreitas relações de amizade, pode acrescentar-se, à mão, «e um abraço».

Tudo isto serve para quebrar a informalidade do texto impresso e, também, para demonstrar que a carta, se não foi escrita, pelo menos foi lida pelo seu remetente. Acresce que, no excessivo rigor dos princípios, uma carta pessoal devia ser sempre manuscrita...

As fórmulas de cortesia, que quase desapareceram da correspondência comercial – com exceção do Exmo Senhor –, continuam em vigor na correspondência oficial, como se pode verificar pelo esquema da página ao lado, que sistematiza as fórmulas protocolarmente estabelecidas para este tipo de correspondência. Como já foi referido, só os chefes de Estado se devem dirigir diretamente por escrito aos outros chefes de Estado. Por isso, neste esquema não aparece o caso do Presidente da República nem dos soberanos. Outro erro muito comum na correspondência com altas individualidades é utilizar a expressão *Sua Excelência, o Senhor Presidente da Assembleia da República.* Ora, Sua Excelência já é a fórmula superlativa e mais cerimoniosa de dizer *o Senhor.* Por isso, o correto é dizer *Sua Excelência o Presidente da Assembleia da República* ou então, *o Senhor Presidente da Assembleia da República.*

DESTINATÁRIO	CABEÇALHO	TRATAMENTO	NO SOBRESCRITO
Presidente da Assembleia da República	Senhor Presidente da Assembleia da República	Vossa Excelência	A Sua Excelência[9] o Presidente da Assembleia da República (nome precedido de título académico ou posto militar)
Primeiro-Ministro	Senhor Primeiro--Ministro	Vossa Excelência	A Sua Excelência o Primeiro-Ministro (nome precedido de título académico ou posto militar)
Um Ministro	Senhor Ministro (indicar a pasta)	Vossa Excelência	A S.E. o Ministro de (indicar a pasta) nome (precedido de título académico ou posto militar)
Um Embaixador Estrangeiro	Senhor Embaixador	Vossa Excelência	A S.E. o Embaixador de... Senhor...
Um Cardeal	Eminência	Vossa Eminência	A Sua Eminência o Cardeal Patriarca de Lisboa D.
Um Arcebispo ou Bispo	Senhor Arcebispo (ou Bispo)	Excelência Reverendíssima	A Sua Excelência Reverendíssima D. Arcebispo (ou Bispo) de...
Membros de Casas Reais	Meu Senhor ou Minha Senhora	Vossa Alteza; (Imperial, Real ou Sereníssima)	A Sua Alteza (Imperial, Real, Sereníssima) o Príncipe ou a Princesa

9 Em princípio, e segundo o protocolo de Estado, só têm direito ao tratamento de Sua Excelência, por extenso, o Presidente da República, o Presidente da Assembleia da República e o Primeiro-Ministro. Mas é prática comum nos sobrescritos dirigidos aos membros do Governo e aos embaixadores escrever «Sua Excelência» em vez da abreviatura «S.E.» mais utilizada para cartões de mesa ou de indicação de lugares.

É claro que se se encontrar cara a cara com uma alta individualidade não tem de a tratar por Vossa Excelência, como se fazia antigamente e ainda se faz nalguns países de língua oficial portuguesa.

No decorrer de uma conversa é normal que diga Senhor Primeiro-Ministro, Senhor Presidente, etc., sem usar nenhuma Excelência de permeio. Mas na correspondência escrita com entidades oficiais esse tratamento cerimonioso mantém-se.

Outra questão, esta colocada pelo protocolo internacional, é o idioma que se deve utilizar na correspondência oficial com entidades estrangeiras.

Em empresas que comunicam constantemente com o estrangeiro, a escrita de cartas comerciais em língua estrangeira é prática corrente. O mais importante é comunicar com rapidez e eficácia e, por isso, não existe qualquer protocolo nesta matéria. No caso de entidades oficiais que contactam com entidades homólogas no estrangeiro, em princípio, deve enviar-se toda a correspondência em português (com ou sem tradução anexa), mas pode responder-se na língua utilizada durante os contactos que se tiverem estabelecido.

Existem abreviaturas com tendência para cair em desuso como o *Il.mº* (Ilustríssimo), *Dig.mº* (Digníssimo), *M.I.* (Mui Ilustre), etc., mas outras continuam a ser regra. Assim nos sobrescritos deverá escrever sempre:

Ex.mo Senhor
Dr. ....

ou

Ex.mo Senhor
Chefe de Gabinete de Sua Excelência o Primeiro-Ministro.
Dr. ....

Na correspondência oficial, o cargo precede sempre o nome que, por sua vez, é precedido pelo título académico, militar ou religioso.

Na correspondência privada com senhoras licenciadas caiu em desuso escrever:

Ex.ma Senhora
Dr.a D. ....

e passou a escrever-se simplesmente:

Ex.ma Senhora
Dr.a....................

Mas nunca se deve escrever, como já mencionei no capítulo das Apresentações (pág. 43) apenas D. ou apenas Senhora. Nos convites pode escrever-se por exemplo, Ministro dos Negócios Estrangeiros e Senhora de Jaime Santos apesar de ser preferível a fórmula: «e sua Mulher.»

CORREIO ELETRÓNICO

Hoje em dia a comunicação eletrónica é feita por telemóveis com ecrãs muito pequenos por isso se deve procurar que o texto seja o mais breve, claro e preciso possível. Pelo facto de a comunicação eletrónica ser mais rápida e menos formal do que a comunicação escrita, não se segue que deva ser, também, mais descuidada ou atabalhoada. Não mande a sua mensagem sem a reler: nada dá pior impressão do que uma mensagem cheia de erros ou gralhas. E cuidado com o corretor automático que pode deturpar o sentido da mensagem. Seja educado, mas sem exageros protocolares.

O correio eletrónico é quase tão informal como um telefonema mas pode ser impresso como um memorando. Não escreva com letras maiúsculas porque dá a sensação que está a gritar ou a ser agressivo.

Os termos em que se escreve variam conforme o destinatário da mensagem. Ao escrever uma mensagem eletrónica, começa-se por um vocativo: «Senhor X» ou «Caro Y». Tratando-se de uma pessoa que conhece bem, pode começar por escrever apenas o nome próprio – «António» ou «Zé». Mas se for a primeira vez que contacta com o destinatário da mensagem, deve escrever como numa carta: «Ex.mo Senhor Diretor de R. H. da XPTO...»

Acabe a mensagem despedindo-se «Com os melhores cumprimentos», «Com um abraço», etc. E assine com o seu nome completo se começou por se dirigir ao «Senhor José dos Anzóis» ou só com o nome próprio se começou a mensagem com um «Caro Zé».

Uma palavra sobre as redes sociais: tudo o que se partilha na Internet fica para sempre na Internet. Nada de desabafos profissionais. Mesmo que só tenha aceitado como amigos os seus amigos de verdade, o que escreveu pode ser partilhado por eles. Se for criticado publicamente tente resolver o assunto com discrição e não entre em peixeiradas. Leve o assunto para mensagens privadas e se a boa educação não for o forte de quem o atacou, oculte ou apague os comentários, banindo depois a pessoa da sua página. No caso de uma página profissional com perfil público em que toda a gente pode comentar, seja ainda mais cuidadoso e nunca permita a publicação de comentários discriminatórios ou difamatórios.

*

FELICITAÇÕES, AGRADECIMENTOS E PÊSAMES

Seja por carta, seja por cartão ou por telegrama, deve-se enviar parabéns e pêsames a pessoas por quem se tem amizade, consideração ou respeito. Os termos variam em função da intimidade.

Ainda há quem agradeça almoços ou jantares por escrito, mas basta um telefonema no dia seguinte. É sempre muito simpático mandar flores. Mas, nesse caso, é preferível enviá-las no próprio dia para a dona da casa as poder colocar nas jarras.

A um convite de casamento deveria responder-se aos pais da noiva com um cartão, ou uma carta, aceitando ou recusando e desejando as melhores felicidades para os noivos. Com o presente, deve seguir outro cartão em que apenas se deseja muitas felicidades aos noivos. Mas hoje em dia, o convite impresso pode já nem sequer trazer essas indicações e nesse caso agradece e confirma para o endereço eletrónico ou telemóvel que aparecer no convite.

Muitas vezes, quando casa um colaborador da empresa, os colegas juntam-se para lhe oferecer um presente, mesmo não tendo sido convidados para o casamento. Nesse caso o cartão terá as assinaturas de todos os que participaram na compra do presente e a fórmula pode ser mais ou menos formal. Em caso de dúvida, bastará escrever «Com o desejo das maiores felicidades para os noivos» e, depois, fazer circular o cartão para que todos os que colaboraram na compra do presente possam assinar.

Os noivos deverão depois agradecer separadamente (com um cartão do casal) a cada um dos ofertantes o presente recebido. É essa a ocasião para darem a conhecer a sua nova morada e oferecerem a casa.

Ainda que a regra protocolar diga que se deve responder a um cartão com um cartão e a uma carta com outra carta, no mundo profissional muitas vezes basta um telefonema. Mas se deixar passar mais de uma semana sobre o acontecimento deve felicitar, agradecer ou desculpar-se por escrito.

A exceção a esta regra são os agradecimentos de pêsames, que devem ser feitos dentro de um mês, podendo agradecer-se todas as atenções e mensagens recebidas enviando cartões impressos com a expressão «A família de (nome) agradece reconhecida».

O protocolo também se aplica nos momentos tristes da vida, quando queremos confortar alguém que está de luto. Mesmo estando fora do país, pode pedir à sua secretária que envie um ramo de flores com um cartão de visita para a igreja ou apenas a enviar pêsames, uma vez que os telegramas caíram largamente em desuso. Há uns tempos tive de enviar uma mensagem de pêsames por estar de férias e não ter cartões de visita para mandar e resolvi ligar para a linha de telegramas. Fui acolhida por uma telefonista que me sugeriu que enviasse um telegrama dentro de um envelope roxo bastando escolher entre vários textos que eram sugeridos. Fiquei horrorizada com a ideia de um envelope roxo e elaborei eu mesma o texto do meu telegrama, depois de me ter divertido, confesso, a ouvir as mensagens muito elaboradas que me foram sugeridas pela operadora de serviço.

Não é fácil escolher as palavras certas para o texto ser genuíno e, como é óbvio, os termos variam em função da intimidade, da amizade, da consideração ou do respeito. Pode escrever «Com um abraço muito apertado de sentidos pêsames, neste momento tão doloroso para toda a família.» ou «Com os sentidos pêsames neste momento tão triste». Estas mensagens não se escrevem nos cartões que se deixam nos «velórios» e que se destinam a servir como «meio de prova» de que se esteve lá. Para que o cartão deixado na bandeja à entrada do velório não possa ser usado por ninguém, acrescente a sigla s.p. (sentidos pêsames) ou dobre o cartão. É a exceção à regra de que não se devem dobrar os cartões de visita...

Se não conseguiu ir ao enterro, não escreveu, nem apresentou pêsames a uma pessoa com quem tem intimidade, deve visitá-la, telefonando-lhe antes a avisar da visita.

CONVITES

Um dos meus irmãos, quando era novo, queixou-se de não ser convidado para festas há mais de um mês. E quando lhe perguntaram porque se preocupava ele com isso, visto que até nem gostava de festas, respondeu: «Mas gosto de responder que não posso ir».

De facto, para algumas pessoas, pior do que ter de sair constantemente, é nunca ser convidado para nada. Mas pior ainda, creio eu, é ter de organizar um acontecimento, elaborar, preencher e enviar convites e não receber respostas até às vésperas.

Quando o convite pede resposta (R.S.F.F.), deve responder-se no prazo de 48 horas, visto que os responsáveis pela organização do acontecimento precisam de saber quantas pessoas estarão presentes para passarem à fase seguinte, que é a elaboração da lista definitiva dos convidados.

Convites formais

Fazem-se sempre em cartão de boa qualidade e impresso, indicando na primeira linha a designação do cargo do dono da casa ou da entidade que convida. O nome do convidado também deve ser precedido da sua qualidade ou título.

Deve-se indicar o ato para que é convidado, o local, a data, a hora e o traje. Mas nunca se escreve a palavra CONVITE por que não é necessário chamar a atenção para o facto de se tratar de um convite.

O texto impresso pode variar e ser feito expressamente para determinada ocasião, sendo aceitável não personalizar o convite, sobretudo se se tratar de acontecimento de grande envergadura para o qual vão ser enviados centenas de convites. Nesse caso aparecerá impresso «convida V. Ex.ª». ou «V. Ex.ᵃˢ» se o convite for extensivo aos cônjuges. Só no envelope aparecerá o nome do convidado.

Exemplo 1

O Presidente do Conselho de Administração
da Eprino

tem o prazer de convidar V. Ex.as para o espetáculo comemorativo do 1.º centenário da empresa, que se realiza no dia 23 de setembro, pelas 18 horas, no Coliseu dos Recreios.

R.S.F.F.
(só negativas)[10]
Tel.: 219 999 999

No caso de serem menos convidados, poderá imprimir-se o convite com a indicação de todos os dados, deixando-se apenas um espaço para preencher à mão com o nome do convidado. É preferível não imprimir a morada da empresa no convite, se se quiser utilizar o convite para várias ocasiões e diversos locais.

Muitas vezes, com efeito, a empresa promove eventos em restaurantes, hotéis, etc. Para essas eventualidades é que há vantagem em ter convites onde se possa escrever à mão o local do acontecimento.

10 Nos países anglo-saxónicos usa-se a expressão «regrets only».

Exemplo 2

O Presidente do Conselho de Administração
da Eprino

tem a honra[11] de convidar .... para o espetáculo comemorativo do 1.º centenário da empresa, que se realiza no próximo dia 23 de setembro, pelas 18 horas, no Coliseu dos Recreios.

R.S.F.F.
(só negativas)
Tel.: 219 999 999

Também se podem utilizar convites normais da empresa e preencher conforme a ocasião.

Exemplo 3

Para comemorar o centenário da empresa
O Presidente do Conselho de Administração
da Eprino

tem a honra de convidar *Senhor Dr. José da Silva*
para *um espetáculo* que se realiza no dia *23 de setembro*
às *18* horas, no *Coliseu dos Recreios*

R.S.F.F.
(só negativas)
Tel.: 219 999 999

11 Do ponto de vista protocolar, ambas as fórmulas estão corretas: «tem o prazer» ou «tem a honra». Mas para convidar uma alta entidade, por exemplo, o chefe do Governo é preferível utilizar a fórmula «tem a honra» visto que é uma honra para si se ele aceitar o seu convite. Em relação aos seus amigos é apenas um «prazer».

Os convites devem ser feitos, de preferência, com quinze e, no mínimo, com oito dias de antecedência e devem ser respondidos com a máxima brevidade. O ideal seria que os convites fossem aceites ou recusados nas 48 horas seguintes à sua receção.

Cada vez é menos comum responder por escrito. Mas, depois de a secretária ter telefonado a dizer que «o Senhor João Chaves agradece, mas não pode aceitar por compromissos assumidos anteriormente», não ficaria mal ao Senhor João Chaves mandar uma SMS ao anfitrião a justificar a sua ausência ou a explicar quais eram esses compromissos.

No caso de jantares ou almoços, os convites são pessoais e ninguém se deverá fazer representar. Mas em cerimónias públicas, as pessoas colocadas em posições hierarquicamente superiores podem fazer-se representar: o Primeiro-Ministro pode, por exemplo, ser representado pelo Ministro que escolher passando este a gozar do estatuto protocolar do Primeiro-Ministro; o presidente do Conselho de Administração de uma empresa pode enviar um colega seu ou um diretor mas este não ocupará o lugar junto dos outros presidentes do Conselho de Administração. O Presidente da República não pode fazer-se representar por ninguém.

Quando o convite for feito (e aceite) pelo telefone, antes de enviá-lo pelo correio, deve riscar a expressão R.S.F.F. e escrever *p.m.* (*pro memoria*). Esta expressão latina é utilizada internacionalmente e mesmo em França onde se usa a tradução francesa *pour mémoire*, a abreviatura é idêntica. Esta prática é seguida pelo Protocolo de Estado que convida para banquetes oficiais pelo telefone e só envia o convite *pro memoria* a quem tiver aceitado. Se for um purista da língua portuguesa, também pode escrever *p.r.* (*para recordar*) mas duvido que alguém reconheça esta abreviatura. Se existirem convites da empresa já impressos e se quiser assinalar uma ocasião especial, escreve-se no topo do convite «Para comemorar o centenário da empresa», por exemplo.

Se forem muitos convites, é mais prático escrever no computador esta frase e copiá-la para poder colar ou agrafar essa tarjeta em todos os convites. Exemplo:

Por ocasião da exposição «Arte e Design»

O Presidente do Conselho de Gerência da Gengis Kana
John Joplin

tem o prazer de convidar ....
para .... no dia de .... às .... horas.

R.S.V.P.[12]
R. do Sul, 27 – Rio de Janeiro
Telefone 765 43 21

No caso de oferecer um almoço em honra de alguma personalidade, deve mencionar o nome do homenageado ou convidado de honra na parte superior do convite. Pode escrever em todos os convites «Em honra do Senhor...» ou colar uma tarjeta com a mesma frase.

Há casos em que não basta enviar um convite impresso. Quando se trata de entidades públicas o convite deve começar por ser feito pelo telefone. Para se convidar o Presidente da República, por exemplo, é costume pedir uma audiência para formular o convite. Mas tudo pode ser resolvido por intermédio do Gabinete. O mesmo se diga quanto ao Primeiro-Ministro e ao resto dos membros do Governo, mas é prudente contactar o gabinete respetivo perguntando se é preciso uma audiência para fazer o convite. Se este for aceite pelo telefone, sem necessidade de marcação de uma audiência, deve formalizar-se o convite enviando imediatamente um *pro memoria*.

12 Os brasileiros preferem imitar a prática dos países anglo-saxónicos e utilizam a abreviatura francesa R.S.V.P. *(Répondez s'il vous plaît)* em vez de usarem o portuguesíssimo R.S.F.F. *(Responda, se faz favor)*.

Convites informais

Podem ser feitos convites eletrónicos para as situações menos cerimoniosas da vida de uma empresa (apresentação de produtos, inauguração de serviços, etc.). Pode usar o modelo seguinte e adaptá-lo às circunstâncias:

De: ......(indicação do remetente)..
Para: ....(destinatário)...
Assunto: Convite

O Presidente da Gengis Kana tem o prazer de convidar V. Ex.ª a estar presente na sede da empresa na quinta-feira, 2 de setembro, às 19 horas, para o lançamento do livro *Segurança em Eventos*.

R.S.F.F.
Tel. 219 999 999

Se enviar um convite informal pelo correio, deverá haver o cuidado de o personalizar no sobrescrito, evitando a utilização de etiquetas e recorrendo a um *mailing* computorizado, se for impraticável fazê-lo à mão.

Repito que os convites formais não devem ser enviados por correio eletrónico a não ser que haja problemas com o correio (altura do Natal ou de férias, por exemplo). Nesse caso, deve telefonar antes a explicar a razão por que vai enviar cópia do convite por correio eletrónico, seguindo o original nesse mesmo dia pelo correio. Esta regra aplica-se sobretudo àquelas pessoas com quem faça mais cerimónia e cuja presença no acontecimento seja de facto uma honra.

*

Convites particulares

Não obedecem a grandes formalismos e podem ser feitos por escrito, pessoalmente ou pelo telefone. No último caso, se o convite tiver sido aceite com bastante antecedência ou se se tratar de um jantar com muitos convidados, deve confirmar-se o convite telefónico com um *pro memoria* (*p.m.*).

Este serve não apenas para recordar que o convidado aceitou o convite mas para precisar a data, a hora, o local e o traje. Se o evento for num sítio difícil de localizar, deve enviar-se um mapa anexo. Exemplo[13]:

Ana da Silva Costa Ramos

tem a honra de convidar ...a Teresa e o Jaime Cabral....
para ....um jantar.... no dia ....5 de abril..... às ..21.. horas.

Rua do Norte, 35 – Lisboa

Smoking

p.m.
R.S.F.F.
Tel.: 219 999 999

No caso de ser um casal a convidar, devia vir em primeiro lugar o nome do marido e a seguir o da mulher, tal como se escreve no sobrescrito *Ex.mo Senhor Jaime Cabral e sua Mulher* e não *Ex.ma Senhora D. Teresa Cabral e seu Marido*.

Mas, em Portugal, é costume aparecer nos convites impressos, primeiro o nome da mulher e depois o do marido, talvez por influência da ordem com que os nomes aparecem no cartão de visita.

13 Neste caso em que é uma senhora a convidar parece-me preferível escrever em primeiro lugar o nome da Mulher e depois o do Marido. Mas formalmente o mais correto é escrever «X e sua Mulher»

Apesar de ser mais correto imprimir o convite de acordo com o exemplo seguinte, pode alterar a ordem dos nomes. Exemplo:

José Maria Junqueira Ramos
Ana da Silva Costa Ramos

têm a honra de convidar o Exmo. Senhor Jaime Cabral e sua Mulher para um jantar no dia 5 de abril às 21 horas.

Rua do Norte, 35 – Lisboa

Smoking

p.m.
R.S.F.F.
Tel.: 219 999 999

Se se tratar de um casal a convidar outro, é a mulher do convidado que deve responder ao convite, telefonando para a dona da casa. Neste caso, a mulher do Senhor Jaime Cabral deve telefonar à Senhora D. Ana Costa Ramos a agradecer o convite.

Nunca se deve responder a um convite que foi feito para o casal, dizendo «o meu marido/a minha mulher não pode, mas eu aceito com muito gosto». Habitualmente é mais fácil substituir um casal, convidando outro casal, mas às vezes pode dar jeito aos donos da casa uma pessoa para completar uma mesa. Por isso, se depois de dizer «Não podemos ir por que o meu marido/a minha mulher vai estar ausente no estrangeiro» a pessoa que os convidou insistir na sua presença, pode e deve aceitar.

O que não deve fazer nunca é o que fez um ex-amigo meu que apareceu sozinho para jantar, dizendo que a mulher não podia vir porque estava com uma terrível dor de cabeça. Tive a tentação de o mandar embora, mas resolvi convencer a minha filha adolescente a jantar connosco para não ficarmos 13 pessoas à mesa.

Se tiver de responder por escrito a um convite, a fórmula comum para aceitar é «X e Y agradecem o seu amável convite para o dia 25, que aceitam com muito gosto» e para recusar é «X e Y agradecem e têm muita pena de não poder aceitar o seu amável convite para jantar no próximo dia 25, por se encontrarem fora do País nessa data» ou se preferir ser mais vago «X e Y agradecem o seu amável convite e lamentam não poder aceitá-lo devido a compromissos anteriormente assumidos».

*

EXERCÍCIOS

1. Convite impresso

É necessário fazer mil convites para uma receção comemorativa da abertura da centésima filial da sua empresa na Figueira da Foz. A receção vai decorrer na sede da empresa em Lisboa e vai estar presente o ministro da Economia. Redija o texto do convite para enviar para a tipografia:

2. Preencha sobrescritos para:

a) Embaixador de França

b) Secretário de Estado da Cooperação

c) Reitor da Universidade de Coimbra

d) Presidente da Câmara da Figueira da Foz

3. Preencha este convite para um jantar no dia 5.5.18 às 21 horas:

a) Dirigido ao Primeiro-Ministro e sua Mulher:

Ana Maria Costa Ramos

tem a honra de convidar ....
para ....
no dia ...... de .... às ...... horas.

Rua do Norte, 26 – 1800 Lisboa

R.S.F.F.
Tel. 21 345 67 89

b) dirigido ao casal constituído pelo Doutor João Ferreira e pela Doutora Teresa Ferreira:

Ana Maria Costa Ramos

tem a honra de convidar ....
....
para ....
no dia ...... de .... às ...... horas.

Rua do Norte, 26 – 1800 Lisboa

R.S.F.F.
Tel. 21 345 67 89

SOLUÇÕES DOS EXCERCÍCIOS

1. Convite impresso

Para comemorar a abertura da 100.ª filial da empresa na Figueira Foz, o Presidente do Conselho de Administração da **Gengis Kana**, tem a honra de convidar V. Ex.ªs para uma receção no próximo dia 23 de setembro, pelas 19 horas, na sede da empresa em Lisboa. Estará presente Sua Excelência o Ministro da Economia.

Rua Morais Soares, 23 – Lisboa

R.S.F.F. (só negativas)
Tel.: 21 123 45 67

2. Sobrescritos

a) Embaixador de França:
A Sua Excelência o Embaixador de França
Nome...

b) Secretário de Estado da Cooperação:

A Sua Excelência o Secretário de Estado da Cooperação

Dr. ...

c) Reitor da Universidade de Coimbra:

Ex.mo Senhor Professor Doutor...
Magnífico Reitor da Universidade de Coimbra

d) Presidente da Câmara da Figueira da Foz:

Exmo Senhor
Presidente da Câmara Municipal da Figueira da Foz
Dr. ...

3. Convite para jantar

a) Tratando-se de um convite ao Primeiro-Ministro, parte-se do princípio que houve contacto prévio com o seu Gabinete e, por isso, deve-se riscar o R.S.F.F. e escrever *p.m.* e *tem a honra* em vez de *tem o prazer*:

Ana Maria Costa Ramos

tem a honra de convidar Sua Excelência o Primeiro-Ministro
e Senhora para jantar no dia 5 de maio às 21 horas.

Rua do Norte, 26 – 1800 Lisboa
p.m. ~~R.S.F.F.~~ Tel. 21 345 67 89

b) Tendo o convidado de honra sido convidado para as 21h, convém convidar as outras pessoas para meia hora antes, de modo a que ninguém chegue depois dele:

Ana Maria Costa Ramos

tem a honra de convidar o Exmo Senhor Doutor João Ferreira
e sua Mulher para jantar no dia 5 de maio às 20h30.

Rua do Norte, 26 – 1800 Lisboa
R.S.F.F. Tel. 21 345 67 89

CARTÕES DE VISITA

Antigamente, os cartões (ou bilhetes) de visita, como o nome indica, eram os cartões que se deixavam quando se ia visitar uma pessoa e ela não estava. Como não havia esferográficas, e as pessoas não podiam andar com uma pena e um tinteiro no bolso, era costume levarem um lápis no bolso para escrever no caso de a pessoa que iam visitar não estar em casa. Quando era necessário deixar um cartão de visita, ou entregá-lo ao criado, costumava-se dobrá-lo – ou para que não pudesse ser lido antes de chegar à mão do seu destinatário, ou para que não pudesse ser utilizado por outrem.

Nos tempos que correm, caiu em desuso o hábito de, ao entregar um cartão de visita, dobrá-lo para o inutilizar (nunca se dobraram os enviados em sobrescrito). Mas ainda há quem o faça. Como há quem continue a achar mais elegante escrever a lápis nos cartões que se deixam em casa de alguém. A «regra» seria então esta: quando se deixam cartões, escreve-se a lápis; quando se mandam cartões pelo correio, escreve-se a tinta. Hoje em dia esta «regra» caiu praticamente em desuso. E os cartões já não são, embora ainda se chamem, «de visita». A sua função atual é prestar uma informação ou estabelecer um contacto. Por isso, devem conter os dados que permitam e facilitem um futuro contacto profissional.

Em Portugal, os cartões de casal aparecem com o nome da mulher na linha de cima e na linha seguinte o do marido:

Maria Teresa da Costa Pinheiro
Manuel Pinheiro

Noutros países aparece em primeiro lugar o nome do homem e depois o da mulher, até porque só usam um apelido: John and Mary Pickford, por exemplo.

É preferível ter dois tipos de cartões, um só com o(s) nome(s) e outro com a profissão e a morada.

Os dirigentes de grandes empresas costumam ter, além do cartão com todos os dados, um cartão apenas com o nome, título e logótipo da empresa, que utilizam para mensagens mais pessoais.

Quando se envia o cartão sem nenhuma mensagem deve-se, em todo o caso, riscar o título. E, quando se manda um cartão a alguém que nos trata pelo nome próprio, é de bom-tom riscar também o apelido.

Exemplo:

O cartão deve ser utilizado como um todo e o nome deve entrar na mensagem ou funcionar como assinatura. Por isso, ao escrever um cartão, deve ter o cuidado de verificar se fez a concordância verbal de toda a mensagem.

Por exemplo, se começar por escrever em cima do nome uma fórmula de cortesia (*com os melhores cumprimentos*, *com um abraço*, *com consideração e respeito*, etc.), a seguir ao nome, em vez de escrever *agradeço*, deve escrever *agradece* ou *a agradecer*.

Se preferir escrever toda a sua mensagem a seguir ao nome, deve colocar uma vírgula e escrever *a cumprimentar*, *a despedir-se*, etc.

Se escrever tudo antes do nome este funciona como assinatura: *Com os melhores cumprimentos de* ... ou apenas *com os melhores cumprimentos*. Exemplos:

Rui da Silva
Advogado
agradece a simpática lembrança.
Rua do Lá Vai Um, 2 Tel. 21 123 45 67
1996-201 Lisboa

No caso de apenas escrever uma fórmula de cortesia antes do nome, este funciona como assinatura.

Só deve assinar se escrever apenas no verso do cartão. Nesse caso, pode utilizar o cartão de visita como se fosse um cartão normal em branco. Exemplo:

23 fev. 2017

Meu Caro Dr. Antunes:
Conforme combinado, junto tenho o gosto de lhe enviar o livro de que falámos.

Com os melhores cumprimentos,

Rui da Silva

Pode também limitar-se a escrever uma abreviatura. As abreviaturas mais utilizadas são as seguintes:

a.a.	a agradecer;
a.f.	a felicitar;
a.d.	a despedir-se;
s.p.	sentidos pêsames;

Estas abreviaturas usavam-se sobretudo quando se passava por casa de alguém a deixar o cartão e a pessoa não estava.

Como hoje os cartões são enviados pelo correio, parte-se do princípio de que a pessoa teve tempo para escrever a mensagem sem abreviaturas. Mas a abreviatura «s.p.» continua a ser muito usada por exemplo se, estando fora do país, pedir à sua secretária para enviar um ramo de flores para um enterro com o seu cartão de visita.

Os cartões devem estar sempre impecáveis, sem dobras nem manchas, por serem uma extensão da sua imagem. Por isso, convém guardá-los numa carteira dentro do bolso, e não no porta-moedas.

Quando sabe que vai encontrar muita gente com quem trocar cartões, deve levar muitos. Até para que não lhe aconteça o que sucedeu ao meu pai, num *cocktail* oferecido pela filial de uma empresa japonesa com que a empresa dele tinha negócios. A troca de cartões é, no Japão, um verdadeiro desporto nacional. E o meu pai, apesar de ter levado muitos cartões de visita, ao fim de vinte minutos já não tinha nenhum. No entanto, temendo que os japoneses que continuavam a ser-lhe apresentados a um ritmo infernal, se ofendessem por ele não retribuir a cortesia com outro cartão (como pertence), passou a distribuir os cartões que entretanto recebera. Os japoneses, suponho que para não perderem a face, agradeciam com uma vénia sempre que ele entregava um cartão e não demonstravam aparentemente nenhuma surpresa por aquele senhor louro de olhos verdes se chamar Takanabe ou Mitsukobo e ser vice-presidente da *Mitsubishi* ou da *Mitsui*....

Os cartões devem entregar-se no princípio de uma reunião. Quando forem vários os participantes na reunião é melhor não guardar logo os cartões que lhe entregarem. Coloque-os à sua frente pela ordem em que os participantes se sentaram para não lhes trocar os nomes durante a reunião.

No caso de uma refeição de negócios nunca se deve entregar o cartão quando já se tiver começado a comer. É preferível fazê-lo no momento das despedidas. E, mais uma vez, é a pessoa mais importante que toma a iniciativa de entregar o seu cartão, pedindo também o do outro.

*

EXERCÍCIOS

Preencha os seguintes cartões de visita

1. Agradecendo o convite para um jantar e aceitando

José Leitão
Advogado

2. Enviando pêsames

Isabel Costa Ramos
José Silva Costa Ramos

3. Agradecendo um livro

Teresa Teixeira

4. Felicitando pelo nascimento de um filho

Manuel Guimarães Costa

5. Enviando o Relatório e Contas

&

António Correia

Rua do Lá Vai Um, 2
1996-201 Lisboa
Tel. 21 123 45 67

SOLUÇÃO DOS EXERCÍCIOS

1.

Com um abraço,

o **José Leitão**
Advogado

agradece o amável convite para
jantar, que aceita com muito gosto.

2.

Com um abraço
de sentidos pêsames
da **Isabel Costa Ramos**
e do **José Silva Costa Ramos**

3.

Com os melhores cumprimentos,

Teresa Teixeira

agradece a oferta do livro,
que muito apreciou.

4.

Com um abraço de parabéns pelo nascimento do vosso filho

do **Manuel Guimarães Costa**

5. Para enviar o Relatório e Contas da sua empresa, pode mandar imprimir cartões com a frase de abertura já impressa, desde que não seja percetível, à primeira vista, se é ou não manuscrita:

&

Com os melhores cumprimentos

António Correia

Rua do Lá Vai Um, 2
1996-201 Lisboa
Tel. 21 123 45 67

FALAR E ESCUTAR: A COMUNICAÇÃO ORAL

O TELEFONE COMO INSTRUMENTO DA IMAGEM

A comunicação telefónica é muitas vezes o primeiro contacto que se tem com uma empresa. A primeira impressão é duradoura e por isso se deve dar muita atenção ao modo como se atende o telefone.

Ao identificar-se nunca deve anunciar o seu título académico ou hierárquico. Sempre que atendo um telefonema de alguém que se identifica dizendo «Fala o Dr. Joaquim dos Santos», tenho a tentação de perguntar se «Dr.» é nome ou alcunha... Mas há casos em que é necessária uma identificação completa. Nesse caso deverá dizer «Bom dia. Fala Joaquim dos Santos, Diretor-Geral da Empresa X. Como está?».

Se atender uma chamada e não quiser identificar-se pode dizer apenas o nome da empresa. Mas insista sempre para saber o nome do interlocutor e use-o ao longo da conversa para tornar mais pessoal a comunicação.

Deve falar de modo calmo e num tom um pouco abaixo do normal visto que o telefone distorce a voz. Nunca levante a voz.

Convém não esquecer que a voz não transmite apenas factos, mas também atitudes como cortesia, interesse e encorajamento, desinteresse, agressividade e insegurança.

Sorria. Ainda que não se aperceba, a sua voz altera-se de facto se estiver a sorrir. Por isso, se estiver irritado ou maldisposto, experimente afivelar um sorriso antes de dizer «Está lá?».

Se se tratar de uma queixa, não comece logo a defender-se. Ouça até ao fim. Repita o que ouviu para mostrar que percebeu e que está interessado na resolução do problema. As queixas são, algumas vezes, a melhor maneira de se saber que algo está a correr mal na estratégia da empresa. Tente extrair o máximo de informação da pessoa que se está a queixar e tente transmitir a impressão de que fará tudo o que estiver ao seu alcance para alterar o que está errado. Tente reconhecer vozes de clientes habituais. Toda a gente gosta de ser reconhecido e tratado com mais deferência ou intimidade, mas sem exageros.

Regra de Ouro:
deve-se atender o telefone com uma voz que dê,
a quem nos ouve, vontade de nos conhecer.

Existem algumas regras gerais de conduta para comunicações telefónicas profissionais, tais como:

Deve tomar nota das mensagens e transmiti-las

Se, depois de escutar a pessoa em linha, chegar à conclusão de que o assunto não lhe diz respeito e, se não for possível passar a chamada, diga que vai tentar localizar a pessoa mais indicada para resolver aquele assunto e transmitir-lhe o recado. Pergunte se prefere esperar ou que lhe ligue logo que possível. Mesmo que o telefonema não seja para si, se atendeu a chamada, deve oferecer-se para tomar nota do assunto e garantir que vai entregar a mensagem logo que possível.

Deve saber dar informações

Se conseguir informar, faça-o – mas sem ultrapassar competências. Se não for conveniente dizer «sim» nem «não», deve utilizar a frase «pois, realmente não sei responder...». Não se deve tapar o bocal com a mão, nem transmitir a opinião pessoal sobre o assunto. Em Portugal, nada obriga um jornalista a não publicar a sua opinião pessoal sobre a OPA da empresa...

Deve encaminhar assuntos

Uma solução é solicitar o envio de uma mensagem pelo correio eletrónico. Se vir que o assunto pode ser resolvido por outra pessoa, indique esse caminho, com tato e delicadeza. Nunca diga que o assunto não interessa à empresa, mesmo que saiba que assim é.

Convém certificar-se de que foi dado seguimento ao assunto pela pessoa a quem transmitiu a mensagem para que não voltem a ligar, queixando-se de nada ter sido feito.

Quando receber uma chamada de alguém a fazer uma reclamação deve dar-lhe toda a atenção.

A melhor maneira de desarmar uma pessoa que está irritada com a sua empresa (ou consigo) é começar por se solidarizar com ela e mostrar vontade de resolver o assunto. Se disser com voz calma «Estou a tomar nota de tudo o que acaba de me dizer e vou tentar resolver este problema já. Deixe-me o seu contacto para que lhe possa dar conta do que apurei, logo que possível», a pessoa ficará bem impressionada consigo e com a sua empresa.

Não faça um longo silêncio durante a conversação telefónica para que o seu interlocutor não pense que pousou o telefone em cima da mesa.

Se numa conversa cara a cara é aceitável responder assentindo com a cabeça, ao telefone é fundamental ir dizendo «claro, pois, sim, tem razão».

Se tiver de atender outro telefonema, peça licença à pessoa com quem está a falar para o fazer e não se demore muito a atender a nova chamada. Comece logo por dizer «Estava com um telefonema na outra linha, por isso, se não se importa, diga-me onde está que eu ligo-lhe já».

Existem, por outro lado, regras protocolares específicas para o relacionamento telefónico e que facilitam a comunicação dentro e fora das empresas.

Regras:

1. Quando um superior telefona para alguém que lhe é hierarquicamente inferior, a secretária só passa a chamada depois de essa pessoa já estar em linha. Um colaborador deve ligar para o telefone direto do chefe (ou para o telemóvel) sem recorrer à sua secretária, visto que do outro lado, em princípio, será o próprio superior hierárquico a atender o telefone.
2. Quando cai uma chamada a meio, deve ser a pessoa que tomou a iniciativa que volta a ligar. A outra pessoa pode até nem saber para onde telefonar.
3. Quem estabeleceu a ligação telefónica é que a deve terminar. Mas não se pede licença para desligar. Basta despedir-se.
4. Quando se está a falar ao telefone e entra um visitante deve desligar-se a chamada o mais rapidamente possível. A pessoa que entra deve fazer menção de sair, e quem está ao telefone deve fazer-lhe um sinal para que se sente, enquanto acaba a conversa telefónica.
5. Quando uma secretária transmite um convite ou mensagem do seu chefe a uma pessoa do mesmo nível hierárquico deve fazê-lo através da secretária dessa pessoa.

*

Regra de Ouro:
quem faz a chamada, espera em linha

Claro que esta regra só se aplica entre pessoas do mesmo nível hierárquico. Mas, se quem pediu a chamada, entretanto, atendeu outro telefone direto, ou saiu do gabinete, a pessoa para quem a secretária ligou e que está à espera em linha, pode desligar ao fim de trinta segundos e aguardar nova ligação.

Quem liga está, em princípio, disponível e interessado em estabelecer a comunicação. A pessoa que atende a chamada pode ter tido de interromper uma tarefa em que estava concentrado e, por isso, não se deve obrigar essa pessoa a esperar muito tempo e a irritar-se por não ter ninguém do outro lado da linha ou ter de ouvir música...

O TELEMÓVEL

Hoje em dia já se pode telefonar fora de horas para um telemóvel. Quando as pessoas não querem ser incomodadas ou interrompidas por chamadas, desligam o telemóvel. Mas não se deve falar pelo telefone fixo para casa de ninguém a horas tardias.

Não se deve levar o telemóvel ligado para espetáculos, enterros, cerimónias religiosas, etc. Mesmo sem som, a luz do ecrã pode incomodar os seus vizinhos. Só se deve ouvir a gravação de mensagens quando se está sozinho. Mas, se estiver à espera de uma mensagem muito urgente e tiver estado com o telemóvel desligado, como pertence durante um almoço, pode pedir licença à pessoa que o acompanha para fazer uma chamada rápida e ouvir o serviço de mensagens gravadas antes de sair para a rua.

Em cima da mesa do restaurante, nunca deve colocar o telemóvel à vista porque deve dar toda a atenção à pessoa com quem está a almoçar.

O telemóvel já não é um símbolo de riqueza, mas, mesmo quando havia poucos e eram caros, quem os tinha não os devia exibir. É muito ridículo estar em restaurantes ou em qualquer lugar público ostentando um telemóvel de último modelo. Antigamente, fazia-se troça dos homens que entravam nos restaurantes ou bares com as chaves do carro a tilintar. Julgo que, desde que os concursos da televisão distribuíram milhares de carros, os arrivistas preferem exibir o telemóvel de último modelo bem à vista em cima da mesa de refeições.

É óbvio que, se estiver à espera de uma chamada muito urgente, deve andar com o telemóvel no bolso ou dentro da carteira. Nesse caso, e só nesse caso, pode avisar os seus companheiros de mesa, pedindo-lhes desculpa por ter de manter o telemóvel com som durante a refeição. Quando a chamada chegar, deve atendê-la discretamente, falando baixo e, se possível, levantando-se para atender num sítio que não incomode as pessoas que estão à mesa. Em Veneza, no célebre Harry's Bar há uma tabuleta a avisar que «O uso de telemóveis pode prejudicar gravemente a cozedura do *spaghetti*»...

DISCURSOS E BRINDES

No caso de se tratar de uma conferência ou palestra com uma mesa de honra, os discursos ou intervenções começam pela pessoa menos importante e encerram com quem preside à mesa.

Se a pessoa que preside à sessão não quiser usar da palavra, o presidente da mesa ou o moderador deve dizer «Em nome do senhor X, declaro encerrada a sessão» para que todos se possam levantar.

No começo da intervenção devem invocar-se as personalidades presentes começando pelo mais importante «Senhor Ministro de...» e acabando com os menos importantes «Minhas Senhoras e meus Senhores».

Em sessões solenes, com muitos discursos, é quem preside que dá a palavra sucessivamente aos oradores. Estes falam em ordem inversa das precedências, cabendo a quem preside encerrar os discursos.

Em receções oficiais, o anfitrião costuma mandar o discurso com antecedência ao convidado de honra, para que este possa preparar a resposta. E o brinde ou discurso é feito no começo do jantar para que sejam tiradas as fotos pela comunicação social que depois se retira da sala quando começa a refeição propriamente dita.

No caso de jantares menos formais, mas em que se queira homenagear o convidado de honra com um breve discurso, no fim da sobremesa, o dono da casa levanta-se para indicar que vai usar da palavra. Se forem muitas mesas os convidados podem chamar a atenção dos menos atentos que continuam a conversar, batendo, muito suavemente, no copo com um talher para que se faça silêncio. Mas é preferível que seja alguém a anunciar este brinde num microfone para que ninguém parta um copo de cristal com o talher…

O brinde começa geralmente com uma saudação ao convidado de honra ou com uma explicação sobre o motivo que reúne todos naquela ocasião. E termina geralmente com uma frase do tipo «Peço a todos que se juntem a mim num brinde pela saúde e bem-estar do senhor... / pelo futuro das nossas relações comerciais / pela cooperação cada vez mais estreita» ou pela que seja mais adequada.

Nessa altura, todos se levantam e erguem as taças, brindando ao homenageado e aos companheiros de mesa. Deve haver o cuidado de verificar que o vinho do Porto foi servido pelos empregados antes de começar a fazer o brinde, pois já assisti a um jantar em que o dono da casa convidou todos os presentes a erguerem o cálice «deste vinho do Porto centenário» e só depois verificou que não havia nenhum vinho do Porto nos cálices, nem era possível servi-lo, pois não tinha ainda sido decantado...

Os brindes devem ser breves para não aborrecer os convidados. Devem ser sinceros porque é mais fácil dizer aquilo que se sente sobre o homenageado do que inventar-lhe qualidades. Nunca se deve fazer um improviso numa língua que não se domine para não cometer *gaffes* como a daquele senhor que começou o discurso pela frase «My woman and me...».

Também nas empresas se podem fazer brindes para assinalar uma ocasião especial (despedida, boas-vindas, promoção, etc.). Se não houver uma sala especial pode usar-se o gabinete do diretor ou a sala de reuniões, mas devem afastar-se os móveis para que as pessoas possam circular mais facilmente.

Neste caso, parece preferível começar-se pelo discurso logo que estejam todos presentes e só depois servir as bebidas para o brinde ao homenageado, de forma a não prolongar muito o serviço de bebidas.

*

TESTE OS SEUS CONHECIMENTOS DE PROTOCOLO TELEFÓNICO

Verdadeiro ou Falso?

1. Não faz mal deixar o som do telemóvel ligado durante um enterro, desde que o telemóvel esteja escondido no bolso.
2. Deve-se sorrir quando se atende o telefone e se está maldisposto.
3. Quando se ouve o telefone de um colega a tocar ininterruptamente, não se deve atender.
4. Não vale a pena devolver chamadas. Se for importante, a pessoa volta a ligar.
5. Se um cliente com quem está a falar ao telefone for malcriado, pode desligar o telefone.
6. Desde que esteja sozinho, pode fazer longos telefonemas particulares durante o horário de expediente.
7. Deve ouvir atentamente e mostrar interesse em prestar informações.
8. Antes de desligar, deve fazer um resumo daquilo que ficou combinado fazer.
9. Quando se está maldisposto, a voz revela uma atitude negativa.
10. Quando faz uma chamada por intermédio da sua secretária, só tem de atender quando a outra pessoa já está em linha.

Solução: 1)F 2)V 3)F 4)F 5)F 6)F 7)V 8)V 9)V 10)F

ESTAR E PARTICIPAR: AS RELAÇÕES PÚBLICAS

AS RELAÇÕES PÚBLICAS

Se as relações humanas são a arte de promover a aceitação social do indivíduo pela comunidade onde vive, as relações públicas são, além de uma arte, uma técnica para promover a aceitação social da empresa pelos seus públicos. Talvez todos possamos sobreviver sem relações públicas. Mas há quem sustente que um esquilo não passa de um rato com boas relações públicas...

Há quem confunda publicidade com relações públicas e quem as confunda com o relacionamento com a comunicação social. As relações públicas envolvem todas estas componentes e são fundamentais para criar, dentro da empresa, um espírito de grupo e, fora dela, projetar uma identidade forte. Ou seja: uma imagem positiva e real.

Segundo o Institute of Public Relations, as relações públicas são «o esforço planeado e cultivado para estabelecer e conservar boa vontade e compreensão mútua entre uma organização e os seus públicos».

Os públicos da empresa distinguem-se pela sua natureza: interna (acionistas, administradores, empregados, revendedores) e externa (fornecedores, clientes, concorrentes, sindicatos, comunicação social, administração central e local e sociedade em geral).

É fundamental identificar o público a que se dirige uma empresa – ou aquilo que ela produz – para, depois de conhecidas as necessidades desse público, encontrar a melhor maneira de as satisfazer. Isto só é possível através do estabelecimento de uma comunicação eficiente, que é o cerne das relações públicas.

O instrumento principal das relações públicas é, sem dúvida, a comunicação. Sem uma campanha estratégica de relações públicas é muito difícil ultrapassar uma crise ou um período complicado da vida de uma empresa. Se a empresa tiver conseguido cimentar uma boa imagem junto do seu público, será mais fácil contrariar os ventos adversos de um ciclo económico negativo.

A ideia que os outros têm de si, antes de o conhecerem, forma-se pelo que ouviram dizer. Por isso é tão importante controlar a informação para dominar a opinião. Uma má imagem, ainda que baseada em pressupostos falsos, pode inviabilizar um negócio e fazer perder um cliente.

Os técnicos de relações públicas desempenham muitas e variadas tarefas, que vão desde o planeamento de uma estratégia comunicacional até à receção e acompanhamento de visitantes, passando pela organização de programas de trabalho e de programas sociais muito diversos. Eles são o elo privilegiado de ligação da empresa com os vários públicos e, por isso, não devem ignorar as regras do protocolo empresarial.

Uma empresa é julgada, não apenas pelos seus produtos ou instalações, mas pelas suas relações públicas – pela imagem que dá de si própria, através do pessoal que entra em contacto com o público.

Por isso, o atendimento exige profissionais competentes, com facilidade de expressão, seja a acolher visitantes, seja a atender telefones ou a redigir documentos.

*

ACOLHIMENTO E ACOMPANHAMENTO DE VISITANTES

A receção de visitantes é uma das formas mais correntes de relações públicas. E é um contacto importante pois, segundo a maneira como for recebido, assim o visitante formará uma opinião favorável ou não a respeito da empresa.

Deve exigir-se de quem tem a responsabilidade de ser o «cartão de visita» da empresa, que seja delicado e bem-educado. Ninguém gosta de ser atendido por uma pessoa ríspida e desabrida. Por isso na «porta» da empresa só devem estar «profissionais da boa educação».

Toda a gente aceita que a imagem da empresa passe pelo seu aspeto exterior. Se as empresas se preocupam em manter as sedes e sucursais com aspeto cuidado, com as paredes pintadas e os móveis em bom estado, também deveriam preocupar-se em proporcionar aos responsáveis pelas relações públicas condições para terem sempre boa apresentação.

Tanto a roupa como o aspeto visual devem transmitir uma imagem condizente com a imagem da própria empresa. Na maioria dos casos pretende-se transmitir uma imagem sóbria e cuidada. Não se deve adotar o último grito da moda e as senhoras não se devem maquilhar como se fossem modelos prestes a enfrentar as luzes da *passerelle*, a não ser que a empresa seja uma casa de alta-costura... Nas outras empresas, por mais conservadoras e tradicionais que sejam, quem lida com o público não deve usar roupa antiquada ou desmazelada.

Os funcionários das relações públicas devem, por outro lado, ter conhecimento de línguas para atenderem visitantes estrangeiros. Para além da cultura geral, devem ter um profundo conhecimento da empresa para poderem fornecer informações que contribuam para projetar uma imagem positiva.

A estes funcionários deve ser dada capacidade para encaminhar os assuntos até à sua conclusão, de modo a que não se sintam uma versão melhorada dos porteiros, que apenas cumprimentam quem chega, mas não sabem se a pessoa foi de facto recebida por quem pretendia. Mas não devem, em caso algum, exceder os seus limites de competência, nem fornecer informações sem autorização superior. Devem, por outro lado, dispor de informação atualizada e manter-se a par das alterações de telefones e localizações para não encaminhar as pessoas para o sítio errado.

Projeta-se uma imagem pouco profissional quando se acompanha um visitante até um gabinete e, depois, tem de se voltar lá para explicar que houve um engano e afinal não é naquela sala que se realizará a reunião. A colaboração com outros funcionários é essencial para um acompanhamento perfeito deste tipo de situações.

O local de atendimento de visitantes deve ser acolhedor, ter uma mesa, cadeiras confortáveis, jornais e revistas e/ou documentação sobre a atividade da empresa. A decoração deve ser sóbria, e o ambiente agradável.

Regra geral, quando um visitante se apresenta pela primeira vez é preciso, antes de mais, saber quem é (e o que pretende). Deve-se depois procurar instalar o visitante confortavelmente até o poder encaminhar para a pessoa indicada (depois de esta ter dado o seu acordo). Se o visitante não puder ser recebido, deve procurar-se «despedi-lo» com diplomacia para que ele não fique com uma pedra no sapato em relação à empresa.

Nunca se pode saber, à partida, se determinado visitante, inoportuno na altura, não será daí a algum tempo crucial para a empresa. Por isso, deve-se procurar que todos os que visitam a empresa, mesmo que não consigam passar da receção, fiquem bem impressionados e convencidos de que só não foram recebidos por quem queriam devido a razões que, sejam elas quais forem, não podem ser consideradas um agravo ou uma desconsideração pessoal.

A SECRETÁRIA E AS RELAÇÕES PÚBLICAS

Nas empresas pequenas, onde não existe um serviço de relações públicas, é a secretária quem recebe e acompanha os visitantes.

A secretária deve criar as condições para que todos aqueles com quem contacta (sejam chefias, funcionários, subordinados ou terceiros) se sintam envolvidos nos objetivos globais da empresa.

Ou seja: a secretária é um elemento básico das relações públicas da instituição onde trabalha. Muitas vezes, é ela sozinha, que tem de assumir a responsabilidade de criar a imagem institucional – muito mais do que o seu chefe, porque ela é a primeira pessoa de uma empresa com quem se contacta e, por isso, pode dar uma boa ou má imagem da empresa.

Conseguir a colaboração máxima das pessoas com quem trabalha é outro objetivo fundamental para a secretária. Por isso deve tentar reduzir ao mínimo as falhas de comportamento de natureza pessoal/profissional.

Além disso, a secretária deve ajudar o seu chefe, procurando suprir as suas deficiências, complementar os seus conhecimentos, disfarçar os seus deslizes e adivinhar as suas dificuldades para o ajudar a ultrapassá-las.

Por isso, o conhecimento das regras de protocolo empresarial é tão importante para as secretárias como para os executivos.

A secretária deve saber dizer «não» com amabilidade e firmeza. Se se tratar de um pedido de reunião, ela deverá invocar razões convincentes para não a marcar, de maneira a que quem faz o pedido fique com a impressão de que não se trata de nada pessoal mas sim de falta de tempo, de uma agenda sobrecarregada ou de compromissos inadiáveis. A secretária deve conhecer o «protocolo» das chamadas telefónicas mas deve, sobretudo, saber ouvir atenta e pacientemente – mesmo que não possa fazer mais nada pela pessoa que fez a chamada.

Uma secretária não deve mascar pastilha elástica enquanto estiver a despachar com um superior hierárquico.

Um dos casos mais bicudos que as secretárias enfrentam é saber como lidar com um telefonema de alguém que quer falar com o seu chefe e que invoca confidencialidade, amizade de longa data, um encontro recente, etc., mas recusa-se a dizer o assunto. Trata-se de uma situação difícil: se a invocação for verdadeira, o chefe ficará irritado se ela decidir não passar a chamada; se a invocação for falsa, o chefe pode irritar-se por ser interrompido pela chamada de um desconhecido ou, o que é pior, um inoportuno.

Para resolver esta situação, a secretária deve tentar saber quem é a pessoa e de que assunto se trata, sem arrogância nem impertinência. Deve explicar amavelmente por que razão não pode passar a chamada («são normas da empresa») e oferecer-se para ajudar. O mais importante é conseguir ganhar a confiança da pessoa, transmitindo-lhe a certeza de que o assunto não vai ser esquecido.

Quando entrar um visitante ou um superior hierárquico no gabinete da secretária, esta deve levantar-se e dirigir-se até ele, cumprimentando-o (sem estender a mão, a não ser que ele tome essa iniciativa). Se estiver a atender o telefone basta acenar com a cabeça, terminar o telefonema e levantar-se para acompanhar o visitante ao gabinete do chefe.

FUMAR: ONDE, COMO E QUANDO

Nos tempos que correm, fumar, que sempre foi um vício social, passou a ser encarado como uma falta de respeito e consideração pelos outros, proibido por lei nos espaços públicos fechados. Por isso, só em espaços privados ou ao ar livre se pode falar de regras para fumar em público.

Sobre esta matéria, as regras são aquelas que decorrem do respeito ao próximo. À mesa não se deve fumar antes do fim da refeição e, em caso algum, antes da sobremesa ou dos queijos. Mesmo que não seja proibido e não acredite que fumar é prejudicial à saúde, deve lembrar-se de que o fumo prejudica o sabor da comida. Por isso, quando começar a fumar, tenha o cuidado de atirar as baforadas de fumo para lugares neutros e nunca na direção dos seus companheiros de mesa.

Estas regras tanto se aplicam a homens como a mulheres. O princípio é não incomodar os outros com as nossas atitudes e, por isso, uma senhora deve preocupar-se tanto como um homem – e pedir às pessoas que lhe estão próximas licença para fumar.

Para não ser malcriado, se o fumo lhe faz mesmo mal e se tiver a tentação de negar essa licença, a melhor resposta parece ser um sorriso resignado a acompanhar a frase «apesar de sofrer de asma/alergia/bronquite/etc., já estou habituado...»

Se lhe oferecerem um charuto deve aceitar e fumá-lo logo, se gostar de charutos. Se não gostar ou não quiser fumar o charuto, agradeça, mas recuse. Nunca deve aceitar um charuto e metê-lo no bolso para o fumar mais tarde ou o oferecer a algum amigo, mais apreciador. Só o pode fazer se quem lhe ofereceu o charuto insistir e não parecer importar-se por desperdiçar um bom charuto com uma pessoa que manifestamente não o sabe apreciar.

O charuto, como o cachimbo, tem um cheiro muito intenso e por isso não deve fumar-se em ambientes fechados. Dizem os puristas que se não apagar o charuto quando acabar de o fumar, o cheiro desaparece. Ao contrário do cigarro, que deve apagar-se com muito cuidado para não ficar um cheiro insuportável, o charuto deve, segundo alguns apreciadores, apagar-se sozinho no cinzeiro.

*

ORGANIZAÇÃO DE PROGRAMAS DE TRABALHO

Para ser mais fácil começar a tratar do protocolo de um evento, convém elaborar logo na primeira fase um agendamento ou cronograma. Perante esse cronograma é mais fácil detetar quais os momentos protocolares, que justificarão ter apoio.

Todos os eventos precisam de ser planeados com muito cuidado para serem um êxito, mas uma pessoa que se tenha especializado em protocolo, ao analisar estes cronogramas, deteta vários pontos como se houvesse uma luz que se acendesse dizendo que é ali que podem surgir os problemas, ou como prefiro chamar-lhes, «as situações».

Analisando esta agenda de uma inauguração, é fácil antecipar que os momentos mais complicados vão ser na receção das entidades e na cerimónia de inauguração propriamente dita:

• 16h30 •

Receção dos convidados; Porto de honra

• 17h00 •

Receção do convidado de honra ou alta entidade; Cerimónia de Inauguração Protocolar (bênção, descerramento de placa, etc.); Visita Guiada para comitiva VIP

• 17h15 – 18h00 •

Discursos; Apresentação de filme

• 18h00 •

Cocktail e Visita Guiada para restantes convidados

• 19h30 •

Jantar

• 23h00 •

Final do evento e entrega de ofertas

Mas o protocolo também terá de ajudar na receção dos outros convidados decidindo quem está a receber quem e onde e fazendo um *briefing* às hospedeiras que serão a face visível desse acolhimento.

A partir do momento que chega o convidado de honra, o protocolo torna-se ainda mais atuante definindo o guião da inauguração, elaborando o texto da placa, tratando de saber como vai ser tapada, quem fará o descerramento, se houver bênção escolher alguém da instituição para ler um texto bíblico, estabelecendo a ordem das intervenções e fazendo o assentamento na sala onde vai decorrer o jantar.

O trabalho dos profissionais de protocolo da empresa pode terminar com a entrega das ofertas no final do jantar e a saída do último convidado mas, no caso de se recorrer a profissionais independentes, a consultoria protocolar termina no momento em que todos se sentam para jantar. As hospedeiras que farão a entrega de ofertas no final não precisam de ter conhecimentos de protocolo.

O momento mais importante para quem trabalha no protocolo de um evento empresarial é aquele em que todas as autoridades, anfitriões e convidados tomaram assento nos seus lugares e a cerimónia pode arrancar. Para que isso aconteça é preciso que alguém tenha feito um plano desse assentamento.

Apesar de muita gente preferir as palavras inglesas *seating* ou *sitting*, o termo correto em português é assentamento desde o século XV. No livro vermelho de D. Afonso V existe um capítulo intitulado «Determinação do conselho d'el Rei acerca da maneira que se haja de ter com os embaixadores dos reis e príncipes estrangeiros que à sua corte vierem e acerca do assentamento em sua capela como das outras cerimónias».

Este plano de assentamento pode começar a ser estabelecido a partir do momento em que os organizadores já obtiveram cerca de 75% das confirmações. Através de programas informáticos (como o Excel), é possível ir trabalhando com estas listas de confirmações de forma a colocar na primeira fila os anfitriões e autoridades e a distribuir os outros convidados pela sala.

Mas por mais preparativos e planos de assentamento que se tenham gizado, é comum em Portugal, meia hora antes de o evento arrancar, no momento da acreditação dos convidados, dar-se a chamada dança das cadeiras: «O senhor Xpto afinal não vem!!! O que fazemos?» « Acaba de chegar uma entidade que não confirmou a presença» ou «Chegou uma pessoa em representação de outra!! Onde a colocamos?».

O essencial é contar de antemão com estes imprevistos e nunca perder a calma. Como em protocolo não existem problemas, apenas situações, com muita ponderação, os responsáveis de protocolo vão preenchendo os lugares das primeiras filas, sem deixar lugares vagos nas outras filas, como se fosse um *puzzle*.

Mas se não for possível preencher todos os lugares das primeiras filas e se quando todas as autoridades já tiverem tomado assento, se se verificar que sobrou uma cadeira vaga na coxia, o responsável pelo protocolo deve ocupar esse lugar, de onde é facilmente visível para os outros elementos da organização com quem pode assim comunicar e acudir discretamente a todas as situações até ao final da cerimónia.

CONGRESSOS, CONFERÊNCIAS E SEMINÁRIOS

Em Portugal existem diversas empresas que se dedicam à preparação de congressos, colóquios e conferências internacionais. Esses serviços programam, organizam e apoiam a realização deste tipo de atividades. Por isso, neste livro, apenas se mencionam alguns aspetos onde o protocolo e as relações públicas são mais importantes.

Os maiores problemas com o protocolo surgem, normalmente, na fase inicial (convites) e na final (mesa de honra, discursos, receção e acolhimento). É claro que a fase final, quando se trata de uma cerimónia pública, é crucial para a boa imagem de quem a organizou. Mas, se na fase inicial não tiverem sido adotados os comportamentos adequados, a fase final pode revelar-se um desastre. Basta, por exemplo, que não tenha havido o cuidado de fazer os convites a personalidades de relevo pela via protocolar para que à última hora elas não compareçam e a cerimónia deixe de ser um acontecimento.

A parte social dos congressos é um dos aspetos que o diferencia de reuniões de menor dimensão e duração como jornadas ou conferências. No primeiro dia (ou na véspera à noite) organiza-se uma receção de boas-vindas ou *cocktail* e no último dia um jantar de encerramento. Nesse haverá que ter o protocolo de mesas devidamente estabelecido ainda que só algumas mesas tenham lugares reservados.

Em congressos internacionais, os acompanhantes têm um programa próprio durante o dia (visita a museus ou locais de interesse turístico) e à noite juntam-se aos congressistas para a parte social: jantares de gala ou banquetes, concertos ou espetáculos, etc. Este programa social deve estar ou nos quartos dos hotéis ou disponibilizado *online* com o programa de trabalhos do Congresso.

É costume elaborar-se uma lista de personalidades que são convidadas para integrar a Comissão de Honra do Congresso. Os convites devem ser enviados por escrito e com bastante antecedência. Se se pretender convidar o Presidente da República e o Primeiro-Ministro para integrar a Comissão de Honra, é conveniente pedir audiências junto dos gabinetes respetivos para formalizar o convite e escolher a data e o momento mais conveniente.

Aos outros participantes e ao público em geral podem ser enviados convites menos formais. Para quem vai estar na mesa de honra ou de presidência devem ser feitos convites pessoais e formais. Para os oradores, os convites são feitos com maior antecedência por correio eletrónico ou contacto pessoal.

A preparação deste tipo de eventos pode exigir a criação temporária de um grupo de pessoas que assegurem todas as tarefas, orientadas e coordenadas pelo diretor das Relações Públicas, ou por quem seja designado para o efeito. Em relação ao protocolo, o diretor de Relações Públicas deve ter poder de decisão e total responsabilidade.[14]

As pessoas encarregadas da receção dos participantes num seminário devem apresentar-se com um uniforme. Por exemplo, no caso dos homens: *blazer*, calças cinzentas, camisa branca e gravata de riscas ou com o logótipo da empresa. No caso das senhoras, basta que usem um conjunto de saia-casaco monocolor com *top* ou blusa a condizer. A identificação deve ser feita através de um crachá.

Caso seja decidido que no palco, para a sessão de abertura (ou encerramento), se vai colocar uma mesa da presidência, tem de se arranjar uma mesa comprida onde se possam sentar um mínimo de três e um máximo de sete personalidades.

A mesa de honra deve ter lugares em número ímpar para que não haja dúvidas sobre quem preside.

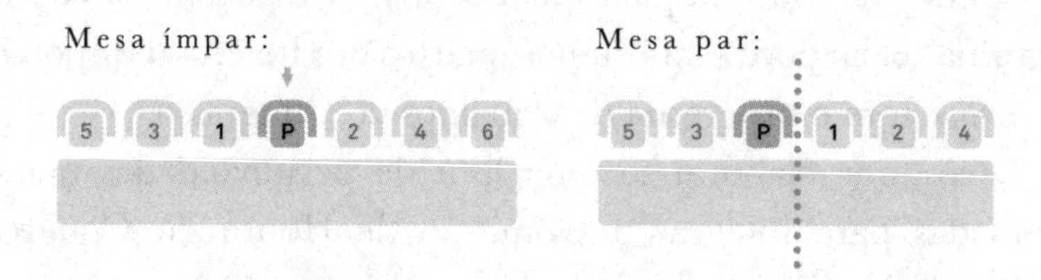

Mas casos há em que se pode ou convém «diluir» a presidência, sentando um número par de personalidades na mesa de honra. Para quem conhece as regras da precedência, a pessoa que preside é a que estiver à direita de uma linha imaginária que divida a mesa ao meio. Para o público em geral ficará a ideia de uma dupla presidência.

Antigamente o Cardeal Patriarca de Lisboa (ou o Bispo noutras dioceses) sentava-se sempre na chamada «cadeira do bispo».

14 O Protocolo de Estado (MNE) só costuma intervir quando está presente o Presidente da República ou um chefe de Estado estrangeiro.

A cadeira tinha a mesma altura e dignidade da cadeira de quem presidia à cerimónia e era uma forma de distinguir claramente o poder civil do poder religioso numa cerimónia oficial. Dizem que terá sido inventada por Salazar para resolver um problema de precedências

Não encontrei esta tradição em mais nenhum país laico ou religioso mas está a cair em desuso mesmo entre nós. No entanto em algumas regiões de Portugal, ainda existe esta tradição. Como hoje é comum as altas entidades sentarem-se na primeira fila e serem chamadas ao palco para discursar, tento sempre colocar a cadeira do Bispo, que vai benzer as instalações, fora do alinhamento da primeira fila, ligeiramente na diagonal. Mas quando volto à sala descubro que houve alguém que alinhou a cadeira pelas outras…

Há muitos anos, recebi o telefonema de uma pessoa que assistira a uma das minhas formações e que queria saber onde arranjar dez cadeiras de bispos. Estava a tratar de uma homenagem em que além do Presidente da República e várias altas entidades estariam presentes o Cardeal Patriarca de Lisboa, o Arcebispo Primaz de Braga e oito bispos portugueses. Sugeri que colocasse no palco apenas o Cardeal Patriarca, que ia discursar, numa cadeira igual à cadeira do Presidente da República que presidiria à cerimónia e que sentasse os outros nove bispos na primeira fila. A cadeira não ficou no alinhamento da mesa de presidência, mas no lado direito dessa mesa, isolada.

Tanto a mesa da presidência como as cadeiras (a condizer) devem ser colocadas sobre um estrado que pode ser decorado com arranjos de flores ou plantas ornamentais para tapar fios e cabos. Mas sem exageros para não roubar protagonismo aos «atores principais» do evento ou tapar alguém de estatura mais baixa. E aconselho sempre a tapar a mesa com uma toalha ou um painel com as mesmas dimensões para resguardar quem nela tomar assento.

Haverá que prever lugares reservados nas primeiras filas para outros convidados de mais cerimónia.

As bandeiras devem ser colocadas em lugar de destaque, no lado direito da sala ou da mesa da presidência como se pode ver no desenho abaixo.

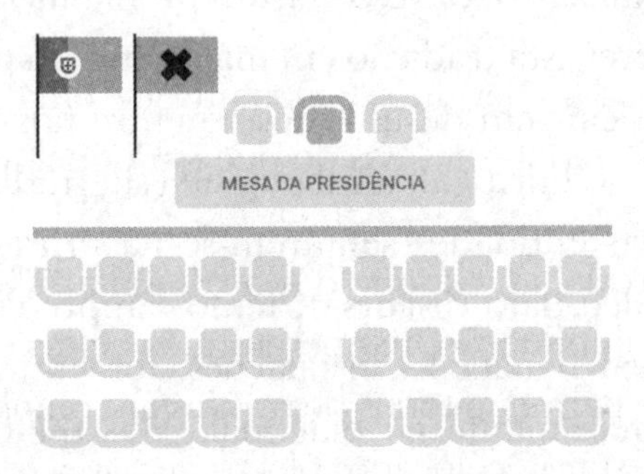

Na véspera, ou algumas horas antes, deve fazer-se uma visita ao local para ver se a mesa tem os lugares assinalados e se existe lugar reservado para todos os convidados especiais.

Em sessões solenes, os discursos são feitos na ordem inversa das precedências, sendo encerrados por quem ocupar a presidência da mesa. Os discursos podem ser feitos a partir da mesa de honra ou de um púlpito que pode ser usado pelo mestre de cerimónias para chamar os oradores que então se levantam e dirigem a esse púlpito para falar. O mestre de cerimónias deve afastar-se para não parecer que quer ficar em todas as fotografias…

Quando se começa a discursar, deve fazer-se referência às individualidades presentes na mesa de honra. São os chamados vocativos. Começa-se por invocar a pessoa mais importante e acaba-se com a expressão «Minhas senhoras e meus senhores», antes de entrar no discurso propriamente dito.

O discurso pode ter pausas pontuadas pela expressão «Minhas senhoras e meus senhores». Antigamente acabavam-se os discursos com uma expressão do tipo «Tenho dito» ou «Disse». Mas estas expressões caíram em desuso, só sendo utilizadas em cerimónias muito solenes. A maioria das pessoas prefere hoje terminar com um «Muito obrigado/a».

REUNIÕES E AUDIÊNCIAS

Reuniões

As regras que se devem seguir para que uma reunião decorra com normalidade são as mesmas do que para qualquer outro tipo de encontro.

Em primeiro lugar, há que dispor de uma sala com condições de comodidade (iluminação, temperatura, cadeiras e telefone) e com espaço suficiente para que todos possam estar confortáveis. Em cima da mesa devem estar já colocados blocos de papel e canetas, garrafas de água e copos. Se se tratar de uma reunião sem interrupções, o café deve ser servido logo no início da sessão de trabalho. Na prática, é preferível fazer pequenos intervalos, os chamados *coffee breaks* ou pausa para café e passar para outra sala onde se possa fumar, beber café e comer uns biscoitos. Mas, se não houver possibilidade, ou vontade, de fazer intervalos, pode colocar-se uma mesa num canto da sala com uma máquina com cápsulas e um termos com água a ferver para o chá, xícaras em número suficiente, copos e garrafas de água. Deste modo, as pessoas podem levantar-se para se servir sem terem de interromper o andamento dos trabalhos.

Uma questão que me foi colocada repetidas vezes por inúmeras secretárias diz respeito ao hábito de nas empresas servir cafés aos visitantes. Espanta-me que muitas dessas secretárias se sintam, como dizem, «obrigadas a servir» cafés. Pergunto-lhes se, quando estão em casa e chegam visitas, não acham natural oferecer-lhes café. Ora, também no escritório elas devem pensar e agir como se fossem as «donas da casa» ou anfitriãs, fazendo este gesto de cortesia com naturalidade.

O café ajuda a maioria das pessoas a concentrar-se e a despertar. Por isso deve ser oferecido antes de começar a reunião para ajudar a estabelecer um espírito de cooperação e participação de todos os presentes.

Não se deve marcar uma reunião importante logo a seguir a um almoço demorado, para evitar a sonolência de alguns participantes. E, mesmo que não tenha havido um grande almoço, mas apenas umas sanduíches, a pessoa que usa da palavra não deve ficar de costas para a janela, dado que olhar de frente para a luz aumenta a sonolência de quem escuta.

À mesa de reuniões podem respeitar-se as precedências, mas só no caso de se tratar de negociações muito importantes, em que esse ritual das precedências contribua para dar mais importância ao que se vai discutir.

Não é indispensável que quem preside à reunião se sente a uma das cabeceiras para marcar a liderança. Mas deve ficar sentado num lugar em que seja visível para todos os participantes.

Se não houver indicação dos lugares, e quem preside à reunião disser «sentem-se onde quiserem», a tendência é para deixar vagos os lugares à direita, à esquerda e à frente de quem preside. Nesse caso, estando todos sentados, os mais próximos desses lugares devem ocupá-los. É preferível, no entanto, que seja quem ocupa a presidência a indicar quem se deve sentar à sua direita e à sua esquerda, visto que são os lugares de maior importância e é um privilégio ser convidado para se sentar neles.

É preferível uma mesa redonda ou oval para se diluir a precedência. No caso de se tratar de uma reunião alargada, a sala de reuniões pode ser transformada num miniauditório, sentando-se quem preside à frente, numa mesa pequena, rodeado dos seus assessores e ficando os outros colaboradores em cadeiras (com mesa acoplada no braço, se possível) formando um semicírculo.

Em reuniões mais pequenas, o secretário ou a secretária ficam sentados à esquerda de quem preside à reunião, se se tratar de uma mesa redonda, ou um pouco atrás de quem dirige os trabalhos, se este se sentar no topo de uma mesa retangular. Neste caso os visitantes deverão ficar sentados à sua direita e o pessoal da casa à sua esquerda.

Quando se realiza um encontro com uma delegação de representantes de uma empresa estrangeira, ou entre duas empresas portuguesas, pode optar-se por colocar cada delegação de um lado da mesa, sendo os lugares centrais ocupados pela pessoa que tiver o estatuto superior dentro da hierarquia de cada empresa (P). Se ambas as delegações tiverem trazido um secretário, para tomar nota do que for dito no decorrer da reunião, estes devem ser colocados nas extremidades da mesa. Exemplo:

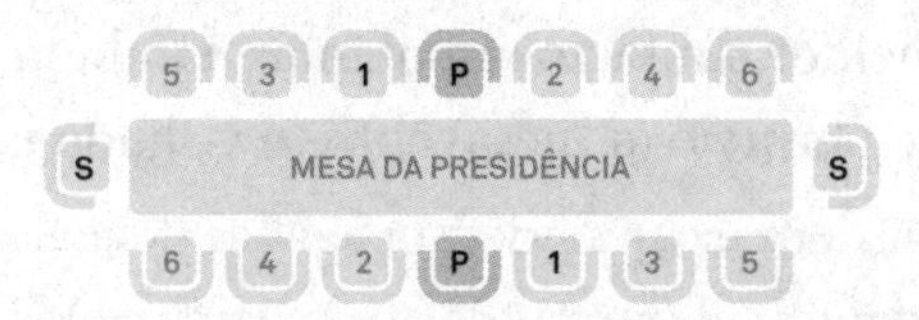

Neste caso, os lugares devem ser assinalados por cartões com os nomes, para que não haja confusão no momento em que as duas delegações se sentam à mesa. Mas, em reuniões menos formais, basta que a pessoa que preside indique ao seu homólogo onde ele se deve sentar, podendo este escolher os lugares onde se sentam os colaboradores que trouxe consigo.

Em certas negociações mais complexas, o protocolo é mais «rígido». Se se pretender, por exemplo, levar o «adversário» a ceder e a assinar determinado compromisso, segue-se a regra de que quem preside à reunião (P) fica de frente para a porta de entrada da sala e o visitante (V) fica em frente dele normalmente virado para a janela:

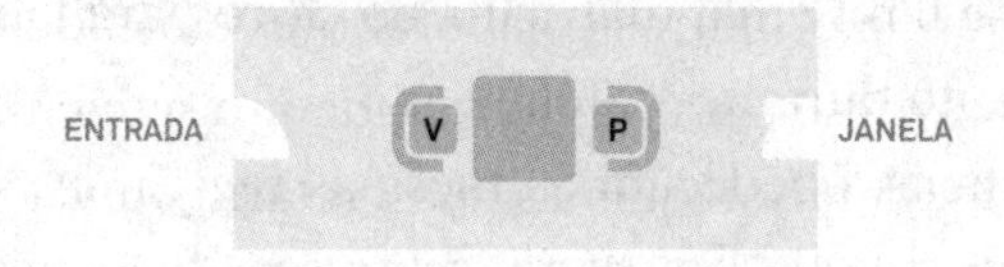

Esta «regra», usada para que o visitante fique à partida em situação de desvantagem (a luz não só o ilumina como o pode impedir de ver bem a cara do interlocutor em contraluz), não deve ser usada numa reunião em que se pretende que o visitante se sinta bem.

Se o anfitrião da reunião se colocar, como é correto e prático, de frente para a porta da entrada, deve convidar o visitante a sentar-se à sua direita, para evitar que este fique de frente para a luz da janela.

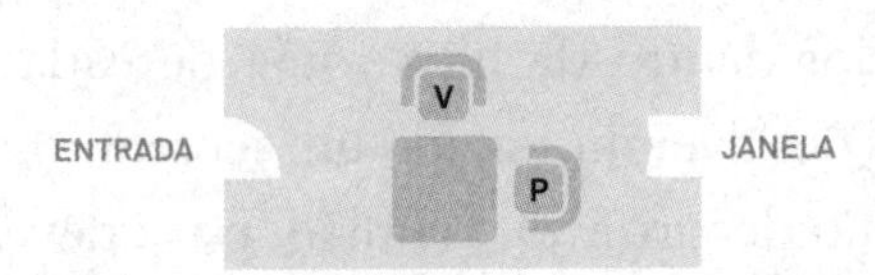

Colocar-se em ângulo também facilita as negociações, não só por haver um melhor contacto visual, mas, também, por não existir um obstáculo de permeio (a mesa) entre o visitado e o visitante.

Audiências

A audiência é uma reunião habitualmente solicitada a membros do Governo central, regional e local, ou ainda ao chefe do Governo ou do Estado e, por isso, reveste-se de mais cerimónia.

O pedido de audiência deve ser feito através do chefe de Gabinete, secretário privado ou assessor respetivo, a quem se deve expor o motivo do pedido. As formalidades nestes casos são definidas pelo gabinete do governante no momento da marcação da audiência.

Normalmente, manda-se por escrito o nome de todos os participantes nessa audiência. Nesse contacto preliminar deve perguntar-se se existe um parque de estacionamento próprio e, nesse caso, manda-se também a matrícula do carro para facilitar o acesso e estacionamento durante a audiência.

As audiências obedecem às mesmas regras das reuniões, mas com maior solenidade. Em regra, as pessoas que vão ser recebidas esperam numa sala pela chegada do membro do Governo. Este costuma ser acompanhado por alguém do seu gabinete, que tomará notas da audiência (*notetaker*).

Nesse caso, a colocação correta dos visitantes (C e D) deve ser feita a partir do lado direito do governante (A), deixando vago o lugar do lado esquerdo do governante para o assessor (B):

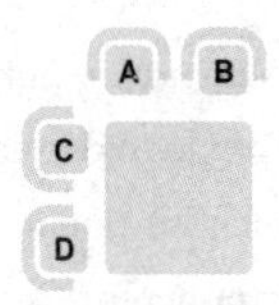

Quando o governante entra na sala, todos se devem levantar. Se houver necessidade de apresentações, estas devem ser feitas pelo visitante mais importante, que apenas precisa de dizer os nomes daqueles que o acompanham e que não são conhecidos do membro do Governo que os recebe.

PARTICIPAÇÃO EM FEIRAS

As empresas fazem-se representar muitas vezes em feiras ou mostras e preocupam-se muito com o aspeto exterior: o pavilhão, os produtos expostos, o material de propaganda, os/as assistentes. Mas deve haver também o cuidado de explicar os objetivos da empresa, além de descrever as características dos produtos.

O ideal seria haver uma sessão prévia de orientação dos assistentes quanto à forma como devem lidar com o público para projetar uma imagem mais positiva da empresa.

Ainda que provisoriamente, esses assistentes terão de agir como legítimos representantes da empresa e, por isso, convém não esquecer as regras mencionadas no quadro da página seguinte.

No fundo, estar num pavilhão ou num local público é o mesmo que estar numa montra, e por isso se deve agir em todos os momentos como se estivesse ou pudesse estar a ser filmado.

- Se não existir farda, é preciso verificar de antemão se as roupas dos promotores têm uma certa uniformidade, se os favorece e, sobretudo, se favorece a imagem da empresa.
- É importante que quem esteja a atender o público possa ser identificado por um crachá. Se houver no pavilhão um livro de sugestões aberto para que as pessoas se possam queixar ou louvar o seu funcionamento, será mais fácil para os assistentes corrigir atitudes e comportamentos.
- Se os assistentes vão ficar atrás de um balcão terão de estar de pé durante longos períodos. Nesse caso, podem usar sapatos confortáveis e desportivos que não destoem do resto da indumentária. Se estiverem de pé dentro de um espaço sem barreiras, os sapatos não devem destoar do resto. Podem ser confortáveis mas devem ter uma cor e um modelo neutros.
- Se os assistentes ficarem sentados, devem tentar manter sempre as costas direitas e nunca se devem deitar na cadeira mesmo que o cansaço seja violento. É preferível irem descansar para outro lado fora do olhar dos visitantes.
- Os visitantes devem ser acolhidos com um sorriso. São precisos 43 músculos para franzir o sobrolho e só 17 para sorrir. Mais vale poupar os músculos...
- Sempre que algum visitante lhe dirigir a palavra, o representante da empresa no *stand* deve levantar-se e no caso de não ter uma cadeira para oferecer deve manter-se de pé durante a conversa e dedicar, ao visitante, toda a atenção, não o obrigando, por exemplo, a repetições inúteis.
- Mesmo que exista um ecrã onde passa um filme publicitário, os assistentes devem estar preparados para prestar esclarecimentos suplementares. Quando se circula por um pavilhão onde passam imagens, as pessoas param instintivamente para ver. Nesse caso, os representantes da empresa nunca deverão estar com ar desinteressado, nem de costas ostensivamente viradas para o ecrã.
- Nunca se deve mastigar pastilhas elásticas e comer dentro do pavilhão. Quem tiver fome, deve comer nos intervalos do trabalho. E, já agora, quem precisar de retocar a maquilhagem ou de pentear-se deve fazê-lo na casa de banho.

VISITAS

Muitas vezes, as empresas têm de organizar uma visita de individualidades (portuguesas ou estrangeiras), seja para conhecer as instalações, seja para assistir a uma demonstração de produtos ou serviços. Convém observar certas regras e formalidades.

Devem, numa primeira fase, reunir-se todas as informações úteis:

a) Identidade dos visitantes (nomes e funções)
b) Motivo e caráter da visita
c) Contactos a estabelecer
d) horário e local das reuniões de trabalho
e) agenda de trabalhos
f) tipo de atividades sociais
g) horário e local de chegada e partida

Na posse destes elementos é possível estabelecer um programa provisório. Mas, só depois de se confirmarem todas as informações sublinhadas, se pode estabelecer o programa definitivo.

O programa pode ter no final, ou numa folha anexa, a lista dos participantes com indicação dos cargos e organismos, bem como os contactos nos vários locais (moradas, telefones, etc.).

No caso de haver interesse, a visita deve ser comunicada aos órgãos de comunicação social, até dois dias antes do seu início. Nessa informação, a que é costume chamar *press release*, deve indicar-se a identidade dos visitantes, o motivo da visita, os dias e as horas em que ela se realiza, etc. E deverá haver depois, na empresa ou no organismo visitado, uma pessoa sempre disponível para atender todos os jornalistas que queiram obter mais esclarecimentos.

No caso de haver uma conferência de imprensa, o responsável pela Comunicação ou pelas Relações Públicas deve ajudar os jornalistas que a ela assistam, dispondo-se a fornecer-lhes, antes da conferência, todos os esclarecimentos de que eles necessitarem. Ninguém lhe levará a mal que, ao prestar esses esclarecimentos, ele sublinhe os aspetos que a sua entidade patronal considere mais relevantes...

Há que ter sempre presente a possibilidade de um determinado evento se tornar apetecível para a comunicação social por razões que não têm nada que ver com ele. Bastará, por exemplo, que nele esteja presente uma personalidade a quem, por qualquer razão, os jornalistas estejam particularmente interessados em arrancar uma declaração qualquer.

Nessas circunstâncias, é possível, e mesmo provável, que todos os esforços feitos na preparação do evento pelos serviços de protocolo ou de relações públicas, sejam deitados por terra. Até porque os jornalistas portugueses têm maior dificuldade do que os seus colegas estrangeiros em conformar-se com regras de protocolo. As perseguições ou os cercos que entre nós se fazem não têm paralelo além-fronteiras. Ou, pelo menos, não são vistas nas televisões estrangeiras com a mesma frequência com que se podem apreciar nas nossas televisões.

Não é fácil pôr alguma ordem nestes incidentes. Até porque, quando se faz um esforço para que tudo se passe como deve ser, há sempre um diretor de jornal pronto a escrever um editorial contra as regras do protocolo que é considerado uma ameaça mortal à sacrossanta liberdade de informação...

Programas de Visitas

Exemplos:

VISITA DO CEO DA EPRINO
SENHOR KLINE,
DE 27 A 29 DE MAIO DE 2018

Dia 27 de maio (domingo)

13h30 Chegada ao Aeroporto Humberto Delgado no voo BE342
Alojamento no Hotel das Três Fontes

Dia 28 de maio (segunda-feira)

10h00 Reunião com CEO na Sede (Rua Artilharia Três, 25-7.º)
11h00 Reunião com Diretores Comercial e Financeiro
(Dr. José Figueira e Dr. Manuel Mendes)
12h00 Audiência com o Secretário de Estado do Comércio (Dr. Juvenal Inocente)
13h15 Almoço no Restaurante «A Toca» – R. da Misericórdia, 16.
15h30 Visita à fábrica em Setúbal
18h00 Regresso a Lisboa
20h00 Jantar livre

Dia 29 de maio (terça-feira)

10h00 Audiência com S.E. o Ministro da Economia (Dr. Joaquim Ferreira)
12h00 Partida para o aeroporto
14h30 Regresso no voo BE432

VISITA DA COMISSÃO PARLAMENTAR DE EDUCAÇÃO, CIÊNCIA E CULTURA AO PAVILHÃO DE PORTUGAL NA EXPOSIÇÃO UNIVERSAL DE SEVILHA

– 11 de maio de 1992 –

Programa:

7h00 – Receção no Aeroporto Militar – Figo Maduro

8h00 – Embarque

10h00 (locais) – Chegada ao Aeroporto de Sevilha

Passagem pela Sala VIP

Deslocação em autocarro para o recinto da Expo

10h45 – Chegada ao Recinto da Expo

11h00 – Chegada ao Pavilhão de Portugal

Encontro com outros Comissários dos PALOP

11h20 – *Briefing* pelo Comissário de Portugal

Passagem do vídeo sobre o Pavilhão

12h00 – Visita guiada à Exposição

12h30 – Assinatura do Livro de Honra

12h45 – Visita ao pavilhão da Comunidade Europeia

13h30 – Almoço no restaurante do Pavilhão português

15h30 – Visita ao pavilhão de África e Plaza de América (Brasil)

17h00 – Tempo Livre

20h00 – Concentração no Pavilhão de Portugal

20h15 – Deslocação em autocarro para o Consulado-Geral (Av. del Cid n.º 1)

20h45 – Visita ao Consulado Geral de Portugal

21h00 – Jantar no Salão Nobre do Consulado

23h15 – Deslocação em autocarro para o Aeroporto de Sevilha

24h00 – Regresso a Lisboa

24h00 (locais) – Chegada a Lisboa (Aeroporto Militar)

Se tiver de organizar inúmeras visitas deste tipo, pode utilizar uma *check list* para facilitar o seu trabalho. Essa *check list* deve ser arquivada juntamente com todos os documentos referentes a essa visita para que, numa ocasião posterior, se possam evitar repetições de ofertas, ementas, locais de visita, etc.

Exemplo:

FICHA DE RECEÇÃO E PROTOCOLO PARA VISITAS

1.ª visita ☐	**Antecedentes** ☐	**Anexos** ☐

Nome: ....

Cargo: ....

Empresa: ....

Motivo da visita: ....

Data prevista da visita: ....

Reservas ☐ Hotel ☐ Carro ☐ Outras: ....

Ofertas ☐ Flores ☐ Outras: ....

Transporte ☐ Data da chegada: .... Data da partida: ....

Programa: ☐

Almoço/jantar ☐ Dia/hora/local: ....

Convites ☐

Planta da sala ☐

Planta de mesas ☐

Ementas ☐

Cartões de mesa ☐

Cocktail ☐ Dia/hora/local: ....

Funcionários a destacar:

....

Acolhimento à chegada e despedidas

Se se tratar de uma visita de individualidades públicas (por exemplo, membros da administração central e local), os elementos da Administração da empresa devem estar a aguardá-los à porta. Bastará combinar um telefonema de aviso quando os visitantes estiverem a aproximar-se da empresa. Graças aos telemóveis é mais fácil evitar longas esperas ou chegadas antecipadas.

No caso de altas individualidades (Presidente da República, Presidente da Assembleia da República e Primeiro-Ministro) os respetivos serviços de segurança encarregam-se de avisar da iminência da sua chegada.

Se os guias da visita ou os oradores da sessão estiverem presentes no átrio de entrada quando o visitante chegar, devem ser-lhe apresentados pelo presidente do Conselho de Administração. Todos os elementos da empresa que estiverem nesta linha de acolhimento devem colocar-se antes da chegada do visitante, por ordem linear. O mais importante estará junto da porta e todos os outros alinham à sua esquerda para ele os poder apresentar à entidade quando ela chegar.

No fim da visita, o anfitrião deve acompanhar o visitante até ao carro, ou até à porta da empresa, e aguardar que este se afaste antes de entrar na empresa. No caso de outros visitantes de menor cerimónia, bastará acompanhá-los até ao elevador.

A mesma regra se aplica quando alguém nos dá boleia (ou quando, por exemplo, alguém da empresa onde tivemos uma reunião nos acompanha até ao hotel) e devemos ficar a aguardar à porta até que o carro de quem nos trouxe se afaste.

*

BÊNÇÃO DAS INSTALAÇÕES

É costume, em algumas regiões do país, pedir-se a uma autoridade religiosa para benzer a placa de inauguração das novas instalações. Esta bênção tanto pode ser pedida ao pároco local como a um Bispo/Arcebispo que vai presidir a este momento do guião protocolar.

Deve-se avisar a autoridade que vai presidir ao ato da realização desta bênção quando se envia o alinhamento do programa provisório. O organizador do evento terá de escolher o momento ideal ao definir o cronograma ou a sequência de momentos. A sequência habitual é a seguinte:

- Receção dos convidados;
- Breves palavras de boas-vindas ;
- Bênção da placa;
- Descerramento da placa pela autoridade presente;
- Sessão de discursos;
- Visita das instalações.

Caso se escolha fazer os discursos antes da bênção e no final seja chamada ao palco a entidade religiosa para benzer as instalações, deve-lhe ser dado um lugar adequado ao protagonismo que vai ter nessa inauguração.

A bênção obedece a ritos próprios com preces e a leitura de um texto bíblico. Por vezes, a entidade religiosa pede que seja alguém da empresa ou da organização a ler esse texto bíblico e convém estar preparado. Já me aconteceu ninguém da empresa estar disponível e ter de ser eu, que estava ali para coordenar o protocolo da inauguração, a fazer a leitura do texto religioso perante o olhar divertido do Presidente da República, que me conhecia e deve ter achado estranho que eu tivesse passado a ajudante de bispo.

BANDEIRAS E HINOS

Existem situações em que as empresas têm de utilizar a bandeira nacional: no átrio de entrada, numa inauguração, quando organizam conferências e seminários internacionais, e em todas as cerimónias em que estejam presentes individualidades governamentais.

Em qualquer destes casos, a Bandeira Nacional deve ocupar o lugar de maior destaque. Se toda a gente desculpa o desconhecimento de certas normas protocolares, no que se refere à Bandeira Nacional o desconhecimento da lei não justifica o seu incumprimento.

O Decreto-Lei n.º 150/87 de 30 de março, estabelece o seguinte:

A Bandeira Nacional ocupa sempre o lugar de honra, mesmo quando estejam presentes pavilhões de outros países.

Como há casos em que podem ocorrer dúvidas, vejamos alguns exemplos esquemáticos.

1. Quando duas bandeiras se encontram lado a lado, a Bandeira Nacional é sempre colocada à direita, isto é, à esquerda de quem as olha de frente.

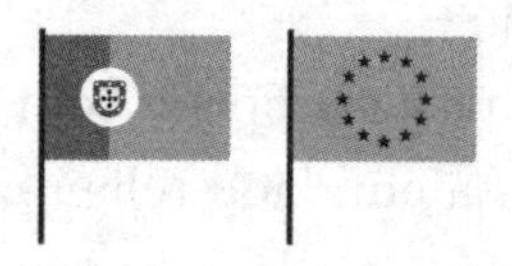

Um dos erros mais frequentes é colocar a Bandeira Nacional à direita de quem olha de frente, por exemplo, na entrada das empresas ou por trás de uma mesa de honra durante uma cerimónia a que assistem altas individualidades.

A colocação da bandeira é como a do convidado de honra numa mesa. Fica sempre à direita. Mas, para quem o observa de frente, está à esquerda.

2. Quando houver mais de duas bandeiras:

2.1 Fixas e em número ímpar, a Bandeira Nacional ocupa o lugar central. Exemplo: Seminário onde se vão discutir assuntos relacionados com a União Europeia. A ordem das bandeiras será a seguinte:

1 – Bandeira Nacional;
2 – Bandeira da UE;
3 – Bandeira da empresa que patrocina o seminário;
4 e 5 – Outras bandeiras, por ordem alfabética.

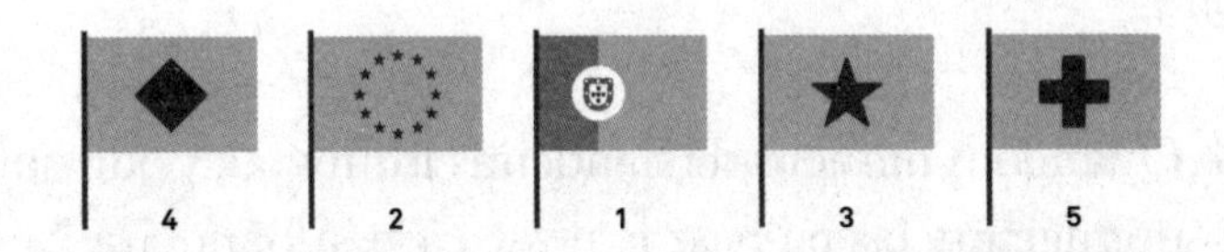

2.2 Fixas e em número par, se colocadas em edifício (sala, auditório, varanda ou telhado) mantém-se a posição das duas bandeiras ao centro e coloca-se a terceira ao lado da primeira e a quarta ao lado da segunda.

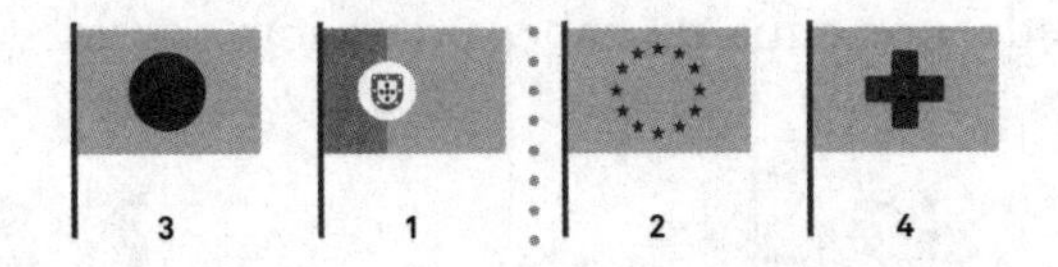

2.3 Em todos os outros casos, nomeadamente no exterior dos edifícios, se houver muitas bandeiras, para evitar que a Bandeira Nacional apareça perdida no meio de todas, é aconselhável colocá-la no primeiro mastro à direita (ou seja, à esquerda de quem olha de frente) e depois todas as outras.

A bandeira comunitária só tem precedência sobre as bandeiras dos outros países membros em cerimónias comunitárias (em Bruxelas, Estrasburgo ou no Luxemburgo). As bandeiras da UE seguem a ordem alfabética do nome do país na própria língua.

Decorrendo a cerimónia num país membro da União, a Bandeira Nacional passa à frente da bandeira comunitária e depois seguem-se os pavilhões dos vários países, pela ordem a seguir indicada:

União Europeia, Bélgica, Bulgária, República Checa (Česká Republika), Dinamarca, Alemanha (Deutschland), Grécia (Ellas), Estónia, Espanha, França, Croácia (Hrvatska), Irlanda, Itália, Chipre (Kypros), Letónia, Lituânia, Luxemburgo, Hungria (Magyarorszag), Malta, Países Baixos (Nederland), Áustria (Österreich), Polónia, Portugal, Roménia, Eslovénia (Slovenija), Eslováquia (Slovensko Republika), Finlândia (Suomi), Suécia, Reino Unido (United Kingdom).

2.4 Quando o número de bandeiras for ímpar, pode optar-se por agrupá-las na base e, nesse caso, a Bandeira Nacional fica ao centro e mais elevada (alínea a).

3. Quando apenas se coloca a Bandeira Nacional, deve tentar-se fixá-la no centro da parede para que não descaia. No caso de uma sessão solene, deverá ser colocada na parede, por cima da cabeça de quem preside (alínea b).

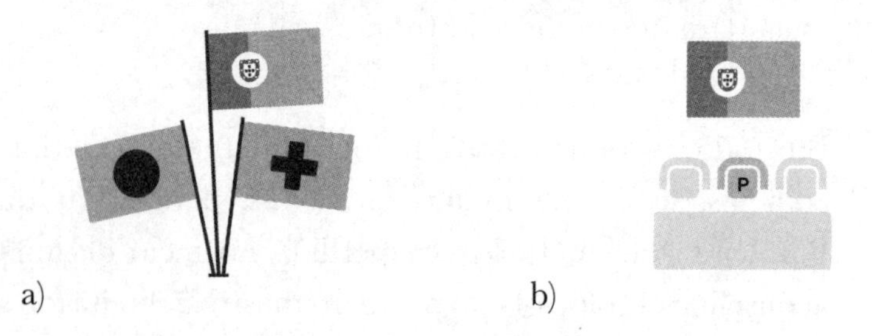

a) b)

4. Nenhuma bandeira deve ocupar um lugar mais elevado que a Bandeira Nacional, mesmo que colocadas em mastros diferentes. Se duas bandeiras forem içadas no mesmo mastro, a Bandeira Nacional ficará no ponto mais alto.

Deve haver o cuidado de substituir a Bandeira Nacional logo que ela comece a deteriorar-se.

Tendo sempre presente que a Bandeira Nacional é o símbolo da Pátria, é mais fácil perceber por que razão ela merece todas as honras e atenções, não devendo nunca ser tratada com falta de respeito, como, por exemplo, usando-a como toalha para cobrir tampos, frentes ou ilhargas de mesas. Em caso de dúvida, consulte o art.º 10.º do D.L. 150/87 de 30 de março.

Muita gente me pergunta se ainda é necessário tocar o hino nacional quando o Presidente da República visita as instalações de uma empresa. Só em cerimónias oficiais se continua a tocar o hino nacional para assinalar a presença do Presidente da República. Mesmo não se tocando o hino nacional, o mestre de cerimónias deve avisar o público presente que o Senhor Presidente da República vai entrar na sala para que todos se levantem à sua passagem.

Se se tratar de uma sala de espetáculos, quando o hino começar a ser tocado, na altura em que o Presidente da República entra no camarote, todas as pessoas se devem levantar e virar-se para o camarote presidencial, visto que o chefe de Estado representa a Nação.

*

OFERTAS

Quando se prepara uma visita ou viagem, convém pensarmos nos presentes. Se possível, escolhe-se uma oferta de acordo com os *hobbies* ou preferências do visitante. Se não, escolhe-se uma peça de porcelana, de cristal ou de filigrana, um livro, uma gravura ou vinhos.

Com as atuais restrições aeroportuárias será melhor não oferecer nada que não possa ser transportado na mala de cabine.

Sabendo-se que vai haver troca de presentes, é costume fazê-la antes de começar o encontro. No caso de se tratar de um visitante estrangeiro, deixa-se a oferta embrulhada, com um cartão a desejar as boas-vindas, no quarto do hotel onde está instalado. Pode-se também aproveitar o momento da despedida para entregar alguma lembrança.

Os presentes nunca devem ser nem ostensivamente caros, para não parecer suborno, nem bugigangas sem valor, para não dar a ideia de que a relação profissional tem pouco valor.

Em Portugal, é costume desembrulhar-se o presente para o agradecer imediatamente. Na Ásia e no mundo árabe, pelo contrário, o protocolo aconselha a que não se desembrulhem os presentes à frente de quem os ofereceu. Os agradecimentos são feitos mais tarde.

O bom senso é o melhor conselheiro para resolver situações como a da delegação portuguesa às comemorações dos 450 anos da chegada dos portugueses ao Japão. Informados pela Embaixada do Japão em Portugal sobre o protocolo japonês, ninguém desembrulhou os presentes oferecidos pelas entidades nipónicas à chegada a Tóquio. Mas as dúvidas surgiram quando, numa cerimónia no dia seguinte, os japoneses desembrulharam os presentes oferecidos pelos portugueses. É que também eles se tinham informado junto da Embaixada de Portugal em Tóquio, sobre o protocolo português em relação a ofertas...

VIAGENS

Quando um funcionário se desloca ao estrangeiro deve ter o cuidado de saber se existe algum protocolo especial. Cada país tem o seu protocolo, mas há fundamentos comuns que servem para facilitar a convivência e tornar a vida em sociedade mais agradável.

Dentro destas normas, algumas são obrigatórias, como as normas de precedência, tirar o chapéu nas igrejas ou os sapatos na mesquita; outras, como beijar a mão das senhoras, são facultativas. Nesse caso, deve fiar-se no senso comum para não cair no ridículo nem ofender sentimentos. Por outras palavras: em Roma, seja Romano – mas sem exagero.

Se visitar um país em que o seu anfitrião arrota no final da refeição, não precisa de o imitar, mas escusa de se indignar. Por outro lado, em países muçulmanos deve evitar bebidas alcoólicas em público. Também deve evitar, quando se sentar, mostrar a sola dos sapatos: é considerado um sinal de desprezo.

Nunca, em caso algum, se devem fazer comentários desfavoráveis sobre o país que se visita nem sobre o próprio país.

Deve aprender duas ou três frases no idioma do país visitado. Uma pequena frase de abertura, mesmo que seja dita com uma pronúncia macarrónica, quebra o gelo e produz uma imagem favorável.

Deve levar a roupa necessária para todas as ocasiões – manhã, fim da tarde e noite. Convém ter o programa detalhado da viagem ou visita com antecedência, para que à última hora não seja necessário alugar *smoking* ou vestido comprido. E, como podem estar à sua espera no aeroporto e a mala se pode perder, deve ir vestido como se fosse para o trabalho, ainda que com roupas confortáveis que aguentem uma viagem.

Na mala, deve ter o cuidado de levar acessórios a condizer (no caso das senhoras, se os sapatos forem azuis deve levar uma carteira azul). Para não complicar de mais, é preferível levar um guarda-roupa em tons básicos (preto e branco ou creme e cinzento) e juntar algumas peças de cor (lenços ou casacos).

Para facilitar a arrumação da mala, sugiro dois guarda-roupas de viagem. Como é óbvio trata-se de meras sugestões. Com as necessárias adaptações, poderá transformar o guarda-roupa masculino em guarda-roupa feminino e vice-versa.

A primeira sugestão é para 4 dias (dois de trabalho e um fim de semana, por exemplo). A segunda sugestão destina-se a facilitar a vida daquelas executivas que, ao serem confrontadas com uma estada de 15 dias noutras paragens, têm alguma dificuldade em arrumar numa só mala toda a roupa de que podem precisar.

Guarda-roupa masculino para uma viagem de quatro dias

Clima: meia-estação

Roupa de Viagem:

Blazer, calças e cinto;
Camisa e gravata;
Sapatos pretos e meias escuras;
Na pasta, levar uma camisola e uma muda de roupa interior para o caso de a mala se perder;
Gabardina, parka ou *trench coat*.

Na mala:

1 fato cinzento-escuro, 5 camisas e 4 gravatas;
Outro par de calças;
Um par de sapatos;
Guarda-chuva;
Roupa interior q.b.;
1 camisola;
Sapatos de ténis;
2 polos;
Jeans;
Fato de banho.

Guarda-roupa feminino para quinze dias

Clima: meia-estação

Roupa de Viagem:
Conjunto básico: saia/calças de tom neutro;
Blusa ou *top* branco;
Écharpe ou *pashmina*;
Casaco, gabardina ou *trench coat;*
Sapatos pretos de salto baixo;
Carteira grande.

Na mala de porão:
2 fatos completos coordenáveis;
1 casaco clássico (dia e noite);
1 blusão;
2 blusas;
4 tops;
2 túnicas;
1 vestido (noite);
2 camisas de noite;
Roupa interior, q.b.;
Bijuteria.
Chinelos de tecido;
1 conjunto de saia/calças-casaco prático;
1 camisola;
1 *pashmina;*
1 casaco de malha;
3 pares de sapatos (um deles para noite);
2 carteiras (1 grande e 1 pequena e chique);
Meias;
2 cintos;

Na carteira grande ou na mala de cabine este é o *kit* indispensável para sobreviver a viagens aéreas de média ou longa duração em classe económica:

Óculos de sol;

Toalhitas refrescantes, que também servem para limpar nódoas;

Amostras de perfume para borrifar nas costas da mão, caso o passageiro que lhe calhar ao lado tiver um cheiro desagradável;

Escova de cabelo;

Porta-moedas com dinheiro, documento de identificação e cartões necessários;

Rebuçados sem açúcar para a garganta que fica sempre seca nos aviões;

Uma barra de cereais para enganar a fome durante o voo;

Telemóvel, carregador e auscultadores;

Um *tablet* para ler jornais ou ver um filme (depende da duração do voo);

Um *bâton* hidratante;

Uma bisnaga de creme perfumado para as mãos. As mãos secam durante o voo e depois de as lavar o perfume do creme ajuda a suportar o cheiro da cabine;

Nos voos de longa duração, um creme hidratante para o rosto;

Lenços de papel e comprimidos para dores de cabeça. A compressão do ar dentro das cabines provoca muitas vezes dor de cabeça e o ar seca as mucosas nasais;

Chaves de casa;

Uma *écharpe* para proteger do frio (também serve de almofada ou para tapar a cabeça caso queira dormir);

Um saco dobrável para transportar compras (*just in case...*);

Uma garrafa pequena de água (comprada ao preço do ouro no aeroporto por causa das restrições aeroportuárias).

*

O *nécessaire* onde se guardavam os produtos de *toilette* fazia parte de qualquer conjunto de bagagem. Hoje em dia só é usado para viagens de comboio ou de carro dadas as limitações de bagagem em viagens aéreas. Há quem prefira por isso usar bolsas individuais, uma para os produtos de beleza, a outra para remédios. As pessoas que viajam muito e são organizadas mantêm estas duas bolsas sempre prontas para uma viagem imprevista.

Hoje em dia, com as limitações de líquidos que se podem levar para bordo, convém ter um estojo de plástico transparente com todos os produtos líquidos de higiene e beleza e outra bolsa com os produtos de maquilhagem que não sejam líquidos para levar na mala de cabina.

O ideal é ter frascos pequenos, pelo que vale a pena guardar as amostras de produtos de beleza que nos vão sendo oferecidas. Em viagens de curta duração, essas amostras chegam muitas vezes para as necessidades e evitam o transporte de outros produtos na mala de porão.

Há quem prefira levar na mala de porão um estojo com vários compartimentos, apoiado na estrutura de um pequeno cabide. Chegando ao hotel, é só pendurar na casa de banho. Se não for forrado de plástico, deve ter muito cuidado com os frascos, que se podem abrir ou partir, estragando as roupas da mala.

Há quem tenha um outro estojo para levar meias e roupa interior, mas parece preferível ocupar os pequenos espaços vagos na mala com estas peças, que não se amachucam.

Para que as suas roupas cheguem em bom estado ao destino, deve separá-las na mala com folhas de papel de seda. Este truque, usado por viajantes frequentes como eu, evita gastos inúteis de lavandaria e passagens a ferro na lavandaria do hotel, mas provocam sempre algum espanto nos funcionários alfandegários que decidem inspecioná-las.

Sugestão de guarda-roupa básico para executivos

Guarda-roupa feminino

3 fatos (casaco e calças ou saia-e-casaco) que se possam usar em conjunto (1 liso, 1 com padrão e 1 *blazer* com uma saia, coordenáveis, por ex.);
6 *tops* (4 blusas e 2 *tops* de gola redonda);
1 camisola (ou casaco) de lã ou 1 conjunto (*twin-set*);
1 camisola de gola alta;
1 vestido (bom tecido e feitio simples);
1 fato de mais *toilette* (1 ou 2 peças);
1 vestido preto;
1 casaco comprido;
Acessórios (sapatos, carteiras, lenços, cintos e joias);
1 capa ou *pashmina;*
1 gabardina ou *parka;*
1 pasta da melhor qualidade que puder comprar.

Guarda-roupa masculino

4 fatos (azul, cinzento-escuro, risca de giz, padrão discreto)
1 blazer com calças cinzentas
6-12 camisas (branca, tons neutros e riscas)
5-10 gravatas
3-4 pares de sapatos
2 cintos de cabedal
12 pares de meias de cor escura, lisas (e pelo joelho, se possível)
1 gabardina
1 sobretudo (c/ cachecol)
Acessórios (pasta, guarda-chuva, botões de punho, lenços, etc.)

RECEBER E CONVIVER: A ORGANIZAÇÃO DE PROGRAMAS SOCIAIS

ALMOÇOS E JANTARES

Os empresários portugueses costumam convidar os seus congéneres para almoçar em restaurantes, mas muitas empresas têm uma sala onde podem ser servidas refeições com alguma formalidade. Nesse caso, os executivos recebem como se estivessem em sua casa mas sem cônjuge. Esta solução permite uma privacidade maior do que um almoço num restaurante.

Para estes almoços na empresa podem ser convidados grupos de pessoas que devem ser ordenados de modo a permitir a sua colocação correta na mesa.

Deve-se fazer uma lista de convidados, escrevendo numa coluna os nomes e cargos das pessoas e respetiva resposta:

Nome	**Cargo**	**Resposta**
Amaral, Dr.ª Isabel	Presidente da APorEP	Sim
Antunes, Eng.º Fulano	Diretor do RESA	Sim
Anzóis, Dr. José	Presidente do CVE	Sim
Bazaruto, Sr. Manuel	Diretor da JUVE	Não
Beltrano, Prof. Dr. Carlos	Presidente da UNEV	Não
Caramelo, D. Elisa	Presidente da CARM	Sim
Cortês, Dr. António	Presidente da AG	Sim
Diamante, Dr. Fulano	Diretor da PGEL	Sim
Sicrano, Prof. Dr. Armando	Presidente da CVPE	Não

Com a lista elaborada, estabelecem-se as precedências e atribui-se um número a cada convidado:

Nome	**Cargo**	**Resposta**	**Mesa**
Amaral, Dr.ª Isabel	Presidente da APorEP	Sim	2
Antunes, Eng.º Fulano	Diretor do RESA	Sim	6
Anzóis, Dr. José dos	Presidente do CVE	Sim	4
Caramelo, D. Elisa	Presidente da CARM	Sim	3
Cortês, Dr. António	Presidente da AG	Sim	1
Diamante, Dr. Fulano	Diretor da PGEL	Sim	5

E só então se deve fazer um plano da mesa, ou seja a colocação correta dos convidados à mesa.

Se se tratar de um almoço com uma agenda de trabalhos, o chamado almoço de trabalho, os organizadores deverão prever maior espaço entre cada lugar na mesa porque as pessoas vão precisar de espaço para colocar os dossiês em cima da mesa. O anfitrião deve gerir os trabalhos para que, por exemplo, alguém faça uma apresentação inicial enquanto todos comem a entrada e depois cada um poderá intervir e todos poderão ir tomando notas do que for acordado. O serviço de mesa deve estar instruído para poder dar algum tempo a quem esteve a intervir para acabar de comer e só depois se retiram todos os pratos e se serve novamente. O mais difícil destes almoços é conseguir cumprir a regra de que não se fala com a boca cheia. O truque é cortar a comida em pequenos pedaços e só falar depois de engolir.

*

Colocação à mesa

Quando se começa a pensar na colocação dos convidados à mesa do almoço ou jantar a questão que se levanta é a forma da mesa ou mesas.

1 – Retangular	A mais utilizada por ser a que existe na sala de reuniões das empresas.
2 – Oval	Adaptação da anterior mas com cabeceiras redondas.
3 – Redonda	Utilizada para receções ou banquetes grandes, sentando-se, de preferência, 10 pessoas em cada mesa.
4 – Quadrada	É a menos utilizada, a não ser em restaurantes. Só para refeições íntimas de 4 a 8 pessoas.

PRESIDÊNCIA DE REFEIÇÃO

No caso de mesas de refeição com cônjuges é costume haver duas presidências se for um número par de pessoas à mesa. As mesas podem dispor-se com presidências à francesa ou à inglesa. Sendo à inglesa, a(s) presidência(s) fica(m) na(s) cabeceira(s).

Presidência sistema inglês

Adotando-se o sistema inglês, a distribuição dos convidados faz-se assim:

Homem (2) / Mulher(4) / Homem (3) / Mulher (1)

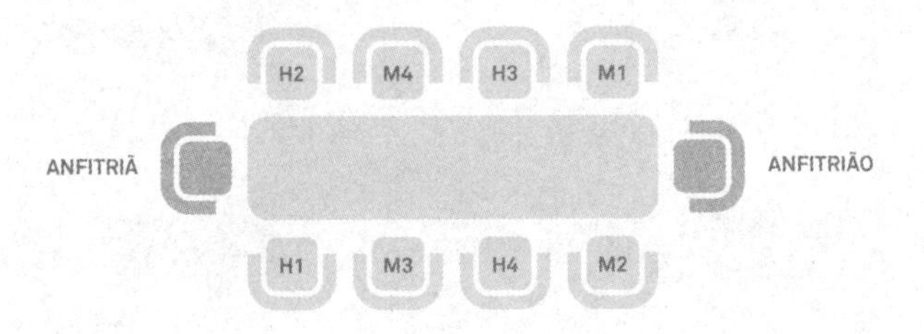

Homem (1) / Mulher (3) / Homem (4) / Mulher (2)

No sistema de colocação à inglesa as presidências ficam nas cabeceiras da mesa.

Neste sistema a anfitriã continua a dominar a porta de entrada de serviço mas o anfitrião, senta-se em frente da porta de entrada dos convidados.

O sistema inglês tem a vantagem de tornar a conversa mais uniforme e generalizada, visto que há dois polos importantes. Os convidados colocados no centro da mesa não se sentem relegados para uma posição distante ou inferior. Mas tem a desvantagem de os convidados mais importantes ficarem separados em dois grupos.

Em jantares mistos (com cônjuges) com presidência à inglesa, o dono da casa fica impedido de falar com o convidado de honra que apenas falará com a dona da casa sentada à sua esquerda. Talvez por isso, este sistema só é adotado para refeições familiares.

Sendo à francesa, a(s) presidência(s) fica(m) no(s) centro(s), como se poderá ver no desenho da página seguinte.

Presidência sistema francês

Adotando-se o sistema francês, a distribuição dos convidados faz-se assim:

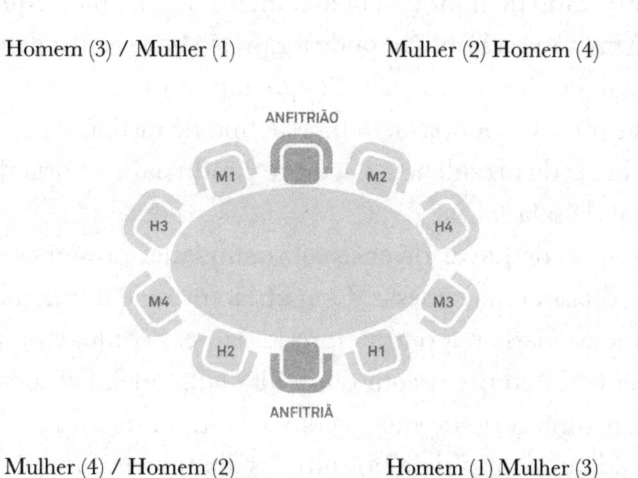

O anfitrião costuma ficar de frente para as janelas e de costas para a parede. A anfitriã fica de costas para as janelas e de frente para as portas por onde entram ou saem os empregados de mesa. Num jantar só de homens o convidado de honra fica à direita do anfitrião ou preside em frente dele. O lugar da anfitriã no caso de uma refeição na empresa pode ser ocupada pelo convidado de honra ou pelo numero dois na hierarquia empresarial.

O sistema francês tem a vantagem de favorecer a conversa ao criar um polo central onde se agrupam os convidados mais importantes. Mas tem a desvantagem de prejudicar a conversa nos extremos, onde os convidados de menor categoria se limitam a ouvir a conversa do centro ou a conversar entre si. Além disso, há uma clara distinção entre as categorias dos convidados visto que os menos importantes ficam na extremidade da mesa, longe dos mais importantes e dos anfitriões. É, no entanto o mais habitual em refeições muito formais ou profissionais.

O sistema mais utilizado em Portugal é o de presidência à francesa para refeições formais de trabalho, e o de presidência à inglesa para jantares ou almoços privados.

Numa refeição na empresa o lugar da anfitriã pode ser ocupado pelo convidado de honra ou pelo número dois na hierarquia empresarial. Mas a mesa também pode ter presidência única deixando um lugar vago em frente do lugar de quem preside.

Nas mesas redondas não há este tipo de distinções de presidências. O lugar da presidência é sempre virado para a porta de entrada principal da sala.

No caso de haver diversas altas entidades presentes, é preferível usar duas ou mais mesas. O anfitrião preside numa mesa com a mais alta entidade e a outra é presidida pelo cônjuge ou pelo vice-presidente da empresa com outra alta entidade. Também se pode organizar uma série de mesas com 10 ou, no máximo, 12 pessoas, sendo cada uma presidida por um dos administradores da empresa.

PLANOS E CARTÕES DE MESA

Tratando-se de um jantar ou almoço sentado numa mesa única é preciso estabelecer uma hierarquia ou ordem de precedência para sentar os convidados à mesa. Enviados os convites, recebidas as respostas, deve-se fazer uma lista, escrevendo numa coluna o nome dos homens e, noutra, o das senhoras que aceitaram o convite (mesmo tratando-se de casais, para ser mais fácil separá-los ou dar-lhes uma precedência diferente):

Homens	**Senhoras**
Anfitrião	Anfitriã
...	...

Com a lista dos nomes dos convidados preenchida, podem estabelecer-se as precedências, colocando um número à frente de cada um dos nomes. Antigamente as senhoras eram equiparadas ao nível de precedência do marido, mas se uma senhora fosse convidada devido ao seu cargo profissional ou oficial, sendo acompanhada pelo seu marido, este mantinha o nível próprio. Ou seja, a senhora subia dentro da hierarquia para o nível do marido, mas este conservava o seu próprio nível. Hoje isto já não acontece porque foi publicado um diploma sobre precedências oficiais que estabelece o seguinte: «aos cônjuges das altas entidades públicas ou quem com elas viva em união de facto, desde que convidados para a cerimónia, é atribuído lugar equiparado às mesmas quando estejam a acompanhá-las».[15] O que se aplica a nível oficial passou a aplicar-se também a nível profissional.

Só depois de ter esta lista completa e arrumada se deve fazer o plano da mesa, ou seja, o esquema de colocação dos convidados à(s) mesa(s). Como o projeto de lista de precedências oficiais só inclui autoridades civis e militares (ver págs. 54-56) surgem muitas vezes conflitos entre as precedências oficiais e as de cortesia. Nesses casos, a única solução é recorrer ao bom senso.

É este o domínio mais complexo e mais visível do protocolo. Se é costume dizer-se que as pessoas muito importantes não ligam ao protocolo e que só as menos importantes se preocupam com o lugar em que são colocadas à mesa, a verdade é que as pessoas mais importantes ficam sempre em bons lugares e são as menos importantes que precisam de ser colocadas de maneira a que não se sintam ofendidas ou maltratadas.

As mesas perfeitas são aquelas em que os donos da casa presidem sentados um em frente do outro, em que há número igual de homens e senhoras (para que se possam sentar alternadamente, separando casais) e onde não seja necessário colocar senhoras nos

15 Artigo 8º da Lei nº40/2006, de 25 de Agosto

topos da mesa. Uma mesa perfeita só é possível se nela se sentarem 6, 10, 14, 18, 22, 26, 30, (...+4) e assim sucessivamente.

Quando o número de pessoas à mesa for 8, 16, 24, 32, (...+8), se forem todos casais, o dono da casa deve presidir com o convidado mais importante. E se forem 12, 20, 28, 36 (...+8) deve haver uma dupla presidência feminina, ou seja, a dona da casa preside com outra senhora.

No caso de, para além dos casais, haver dois homens a mais, também se deve evitar colocar os donos da casa frente a frente para não desequilibrar a mesa. Se forem 10, 18, 26 ou 34 pessoas à mesa, o dono da casa deve presidir com o convidado mais importante. Se forem 14, 22 ou 30 pessoas à mesa a dona da casa deve presidir com a senhora mais importante.

Veremos mais adiante, ao analisarmos vários planos de mesa (ver págs. 164-165), a razão de ser desta regra.

Como já referi, o ideal é dividir os convidados, quando são muitos, por diversas mesas redondas. No exemplo seguinte nenhuma parece melhor do que outra, mas as centrais são as duas mesas onde se deve colocar a 1.ª e a 2.ª presidências, localizando-se a 1.ª presidência na mesa que estiver junto da parede.

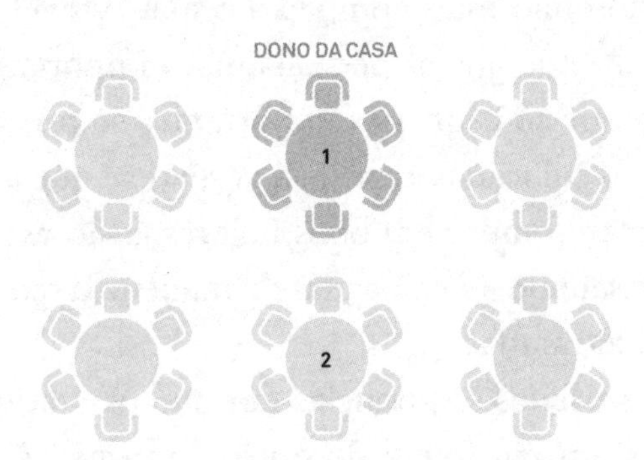

Normalmente existe uma mesa principal, no centro ou encostada à parede, sendo as outras mesas colocadas à sua roda. As mais importantes são as que estiverem mais próximas dela; as menos importantes são obviamente as mais distantes. E entre mesas equidistantes, a mesa melhor é a que ficar à direita de quem preside.

Para que ninguém se sinta ofendido com a numeração da mesa, pode usar-se, em vez de números, nomes de flores, de escritores, de cidades, etc. Mas também se podem baralhar os números das mesas. Por exemplo:

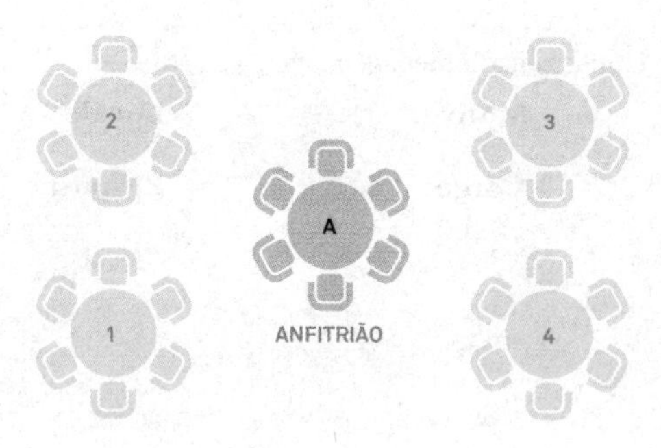

Neste exemplo ordenaram-se as mesas em função da mesa principal (**A**). Ainda que todas tenham praticamente a mesma importância, por uma mera questão de arrumação, consideram-se melhores as mesas que ficam viradas de frente para o anfitrião (**3** e **2**) e, dentro destas, a melhor é a que fica à direita do dono da casa (**3**). Com esta numeração, os convidados que ficam na pior mesa (**1**) podem pensar que estão melhor sentados do que os da mesa **3** que são na realidade os que estão melhor sentados.

A ordem protocolar para numerar as mesas deveria ser:

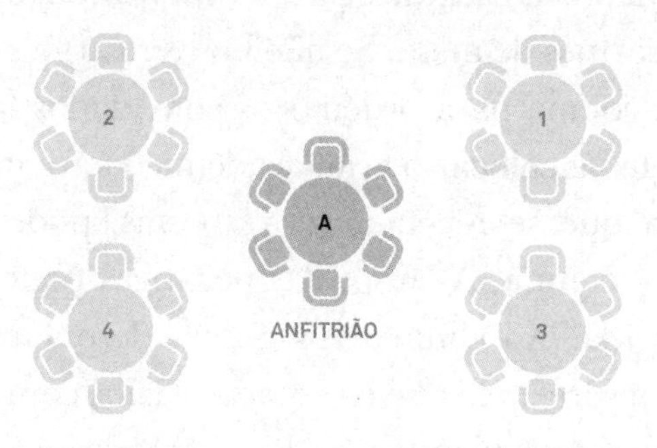

Para organizar um jantar ou almoço com várias mesas é aconselhável utilizar um esquema (exemplo abaixo), que permita controlar a confirmação de presenças a partir da lista inicial de convidados que deve ser ordenada por ordem alfabética:

Lista de presenças

Evento: (almoço, jantar, ceia, homenagem, etc.)			
Data:	**Motivo:**	**Local:**	
Apelido/Nome	**Cargo**	**Resposta**	**Mesa**

Nas várias colunas escrevem-se as confirmações; só depois se pode distribuir as pessoas pelas diversas mesas.

Começa-se por preencher a primeira coluna com os nomes e apelidos (por ordem alfabética) a partir da lista inicial de convidados.

Na segunda coluna, escreve-se o cargo e/ou grau académico de cada convidado. Esta indicação permite evitar erros no preenchimento dos cartões de mesa. Se não houver cartões de mesa, pode utilizar-se esta coluna para ordenar os convidados (pela ordem de precedências etc.) e colocar o grau académico à frente do nome.

À medida que se recebem as respostas, pode começar-se a preencher a 3.ª coluna. As respostas negativas podem ser agrupadas noutra página. Ao eliminar os nomes de quem não vai estar presente, podem preencher-se os espaços vazios com outros nomes, a partir de uma lista suplementar, dos chamados «convidados para compor as mesas». Deve também indicar-se nessa coluna, se o(a) convidado(a) vem acompanhado(a) pela mulher (ou pelo marido) ou se vem sozinho (Sim – 1).

Só quando se tiverem recebido quase todas as respostas (mais ou menos 75%) é que se pode começar a preencher a última coluna, arrumando os convidados pelas diversas mesas e escrevendo apenas o número da mesa onde vão ficar colocados.

Costumo usar o programa Excel para fazer todas estas operações de assentamento de convidados.

Exemplo de lista de presenças preenchida:

Evento: Jantar.
Data: 23 Janeiro **Motivo:** Centenário da empresa **Local:** Convento do Beato

Apelido/Nome	**Cargo**	**Resposta**	**Mesa**
Antunes, José	Pres. C.A. Eprino	Sim - 2	1
Augusto, Marcelina	Pres. C.A. Duval	Sim - 1	1
Barcelos, António	Dir. Geral Simol	Sim - 2	3

Quem fizer a receção dos convidados deve dispor de fotocópia desta lista para poder entregar às pessoas um cartão de mão ou um cartão numerado com a indicação do número da mesa onde foi colocado. Hoje existem já outras possibilidades recorrendo às novas tecnologias mas gosto sempre de levar o plano de assentamento impresso, *just in case*.

Às vezes é impossível sentar toda a gente numa mesa redonda; também não se justifica dividir os convidados por várias mesas de 8 ou 10 pessoas. Nesse caso, pode ser aconselhável sentar pessoas numa mesa em U ou numa mesa retangular comprida.

Por exemplo, se quiser sentar 22 pessoas ou mais num jantar (em que não se convidaram os cônjuges) pode sentá-las numa mesa em U.

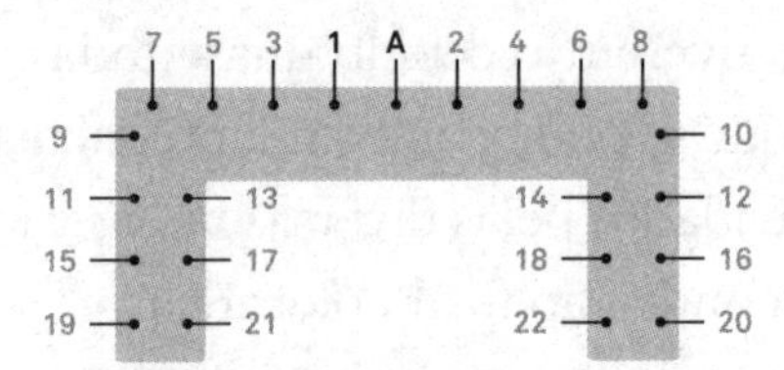

Se preferir sentar os convidados numa mesa retangular, pode oferecer a 2.ª presidência a um dos convidados, aquele que quiser homenagear ou tratar com mais deferência.

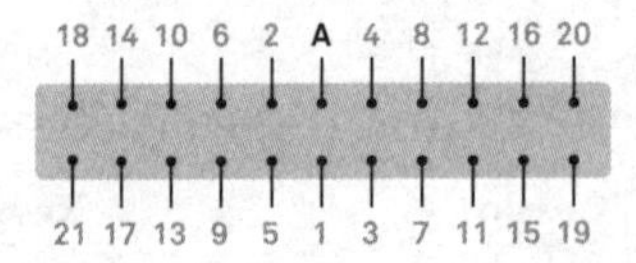

A ordem será a seguinte: 1.º à direita do dono da casa, 2.ª à direita do convidado de honra (1), 3.º à esquerda do dono da casa, 4.º à esquerda do convidado de honra, e assim sucessivamente até se completar a mesa. Através de outros planos de mesa exemplificados no final deste capítulo será mais fácil organizar mesas para as mais diversas situações.

REGRAS PARA A ORGANIZAÇÃO DE UMA MESA PERFEITA

O número de convidados deve ser sempre par, e em igual número de senhoras e homens, para não desequilibrar as mesas. É óbvio que, num jantar de negócios em que não se convidam os cônjuges, esta regra não se aplica. Se houver apenas uma presidência, o número de convidados deve ser em número ímpar.

No caso de haver um convidado de honra que ocupe a 2.ª presidência o número de convidados deve ser ímpar. Nunca, repito, **nunca** se sentam 13 pessoas à mesa. A solução no caso extremo de terem falhado vários convidados é separar as mesas, se forem duas mesas juntas, ou, então, chamar alguém (com quem não se faça cerimónia) e que aceite à última hora estar presente para compor a mesa...

Deve-se procurar juntar pessoas com interesses comuns e evitar juntar pessoas com incompatibilidades conhecidas. Deve-se também evitar colocar duas senhoras juntas e nas extremidades da mesa. Mas há casos em que as senhoras são convidadas pela sua categoria profissional e, nesse caso, podem ser colocadas nas extremidades da mesa. Quando, por exemplo, se fazem convites para um almoço sem cônjuges, as senhoras, em princípio, não passam à frente dos homens na colocação à mesa. Se houver número igual de homens e senhoras, o dono da casa pode presidir com o convidado de honra e tentar colocar um homem, uma senhora, sucessivamente:

Há várias maneiras de indicar às pessoas o lugar que devem ocupar à mesa. O exemplo anterior podia ser utilizado como plano de mesa, ampliando-se para uma folha tamanho A4 e colocando-se numa moldura à entrada da sala de jantar. A maneira mais simples para refeições com múltiplas mesas é fazer uma lista datilografada por ordem alfabética dos apelidos, na qual se inscreve à frente de cada nome o número de mesa a ocupar.

O protocolo costumava colocar os nomes dos convidados masculinos numa lista (antigamente eram raríssimas as senhoras que ocupavam lugares oficiais de destaque) e por isso era fácil colocar os nomes dos convidados e apenas acrescentar a expressão «Senhora de» seguido do nome do marido. Exemplo abaixo:

Mesa	Nome
19	Abreu, Sr. António
19	Abreu, Sr.ª de António
6	Almeida, Eng.º Carlos
6	Almeida, Sr.ª de Carlos
12	Amaral, Dr. Luís
12	Amaral, Sr.ª de Luís
25	Araújo, Dr. José
25	Araújo, Sr.ª de José

Mas houve quem considerasse que esta forma de fazer o assentamento à mesa era politicamente incorreta e como cada vez eram mais as senhoras em lugares de destaque que se faziam acompanhar pelos cônjuges, que nunca foram tratados por «Senhor de Fulana Beltrana», este mesmo assentamento terá de ser feito hoje de outra forma, até porque os títulos académicos já não se escrevem nos cartões de mesa:

Mesa	Nome
19	Abreu, António
19	Abreu, Maria
19	Almada, José
6	Almeida, Carlos
6	Almeida, Teresa
12	Amaral, Luís
12	Amaral, Carolina
25	Araújo, José
25	Araújo, Margarida
19	Azevedo, Ana Maria

Em cada mesa podem colocar-se os cartões com os nomes das pessoas. Mas, se se tratar de um jantar com centenas de convidados e dezenas de mesas, é preferível dar a cada convidado um cartão à chegada com a indicação da mesa respetiva e no verso o plano da sala para ser mais fácil encontrar a mesa. Se for colocado o plano de mesas com o assentamento num placar fica-se a saber quem vão ser os companheiros de mesa, sentando-se depois como acharem melhor. À entrada da sala de jantar deve estar apenas o plano da sala e mesas com os números respetivos.

Outro sistema para indicar aos convidados o seu lugar na mesa, no caso de jantares mais pequenos, é utilizar uma estrutura fixa dentro de uma moldura em couro, onde se reproduz o feitio da mesa (oval ou retangular), com pequenas ranhuras para colocar cartões ou tiras de cartolina em que se escrevem os nomes dos convidados. (Ver páginas seguintes.)

Este plano de mesa facilita muito a fase da preparação do jantar pois os cartões preenchidos com os nomes dos convidados podem mudar de lugar até se encontrar a fórmula ideal. No caso de se usar uma folha de papel, onde se desenhou o plano da mesa, só ao fim de muitas folhas riscadas e rasgadas se chega à solução definitiva.

O plano de mesa deve ser colocado em lugar bem visível, à entrada de casa, quando há um livro para os convidados assinarem, ou numa sala adjacente à sala de jantar. E convém que haja um criado com esse plano de mesa, à entrada da sala onde vai decorrer a refeição, para que os convidados mais distraídos, ou esquecidos, saibam para onde se devem dirigir.

Em jantares íntimos não há planos de mesa (a não ser mentais) e compete ao dono da casa indicar o lugar aos seus convidados. Mas, se tiver péssima memória, pode utilizar cartões de mesa para indicar os lugares. Ou usar, discretamente, uma cábula escrita na mão como já vi fazer vários diplomatas.

Em grandes receções, além da planta da sala, são distribuídos **cartões de mão** aos convidados com o nome na frente, e, no verso, a mesa com uma seta a indicar a porta de entrada e uma cruz a marcar o lugar que deve ocupar.

Em cada lugar coloca-se um **cartão de mesa** com o nome do convidado (exceto anfitriões).

Exemplo de cartão de mão:

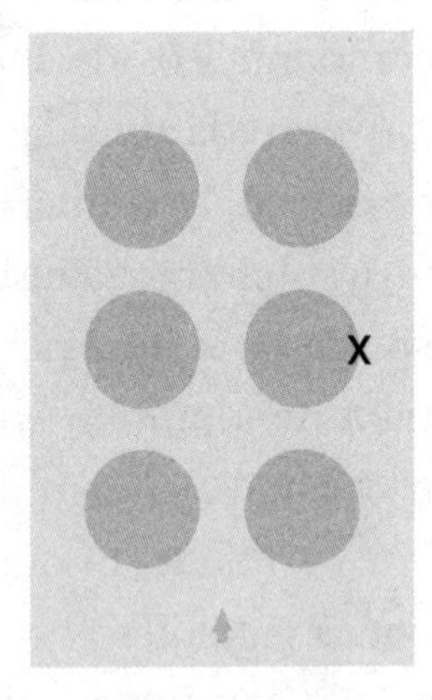

Frente
(com o logótipo e o nome do convidado)

Verso
(com a cruz a indicar o lugar de mesa)

Em banquetes oficiais, ao chegar à porta do local onde este se realiza, é entregue a cada convidado, além do **cartão de mão**, um outro cartão com o nome para ser depois entregue ao funcionário do protocolo que anunciará todos e cada um dos convidados na cerimónia de cumprimentos aos chefes de Estado e cônjuges que se encontrem numa linha de receção à porta da sala onde vai decorrer o banquete. Esta cerimónia realiza-se depois dos aperitivos e antes da passagem para a sala onde vai decorrer o banquete. O **cartão de nome** costuma ter o seguinte texto:

Exma. Senhora Presidente da APorEP,
Dr.ª Isabel Amaral
Para ser entregue ao Secretário do protocolo
no momento dos cumprimentos de apresentação

Exemplos de **cartões de mesa:**

Exemplo de plano de mesa com **Presidência à Francesa**

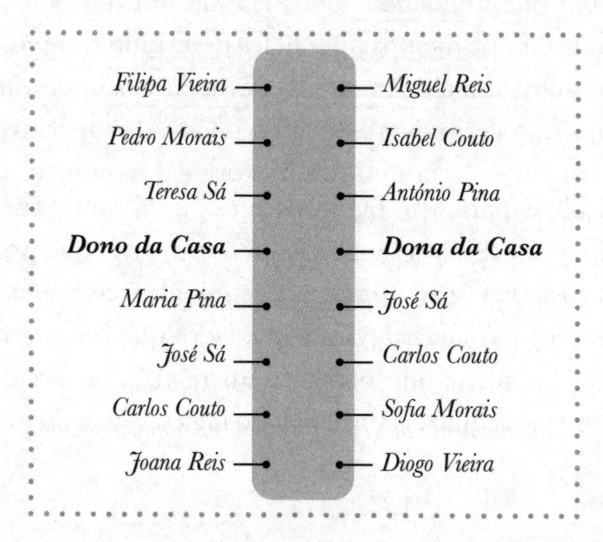

Exemplo de plano da mesa com **Presidência à Inglesa**

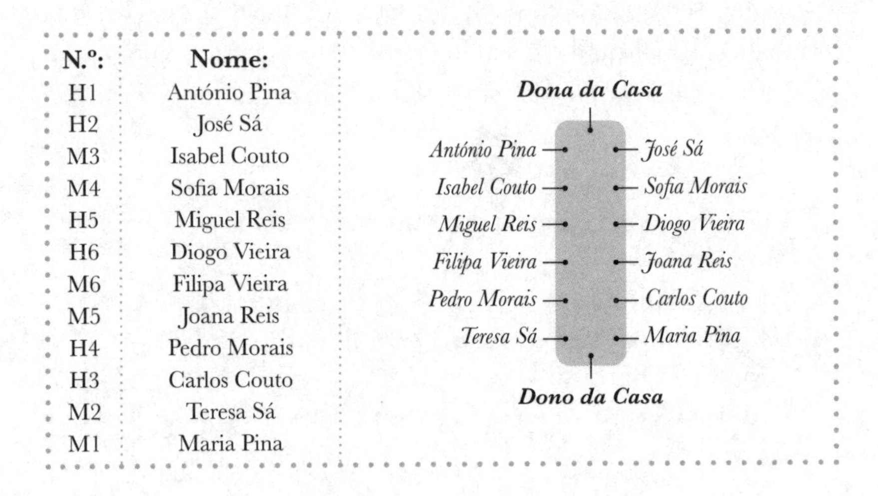

N.º:	Nome:
H1	António Pina
H2	José Sá
M3	Isabel Couto
M4	Sofia Morais
H5	Miguel Reis
H6	Diogo Vieira
M6	Filipa Vieira
M5	Joana Reis
H4	Pedro Morais
H3	Carlos Couto
M2	Teresa Sá
M1	Maria Pina

Exemplo de plano de mesa preenchido:

Raul Santos	*Joaquim Silva*
Rita Cortes	*Joana Rebelo*
Eduardo Sá	*Jacinto Dias*
Marta Costa	*Lurdes Antunes*
Rui Castro	***A***
Lígia Pinto	*Manuela Barbosa*
Manuel Ramos	*Armando Antunes*
Teresa Gil	*Graça Abreu*
José Lopes	*Vicente Bastos*

Basta olhar para este plano de mesa para saber que o convidado de honra deve ser o senhor Rui Castro, visto que preside com o dono da casa. Este não escreveu o seu nome mas apenas a inicial A (de Anfitrião), para indicar aos convidados que consultam o plano de mesa qual o lugar que ocupam em relação ao dono da casa. Há também, quem utilize a inicial H (do inglês *host* ou do francês *hôte*).

Pode-se escrever o nome do dono da casa no plano de mesa. Mas não se deve colocar, no lugar do dono da casa, um cartão de mesa a não ser que apenas tenha escrito a inicial A ou H. Quem preside deve saber qual é o seu lugar, visto que mesmo que o jantar decorra na sala de jantar da empresa ou num restaurante, ele é sempre o dono da casa.

A ordem de precedência dos outros convidados é a seguinte:

2. Lurdes Antunes
3. Lígia Pinto
4. Manuela Barbosa
5. Marta Costa
6. Jacinto Dias
7. Manuel Ramos
8. Armando Lopes
9. Eduardo Sá
10. Joana Rebelo
11. Teresa Gil
12. Graça Abreu
13. Rita Cortes

Exemplos práticos

Vejamos mais alguns exemplos de planos de mesa adaptados a outras situações específicas:

Refeições de trabalho (sem cônjuges)

• 11 pessoas

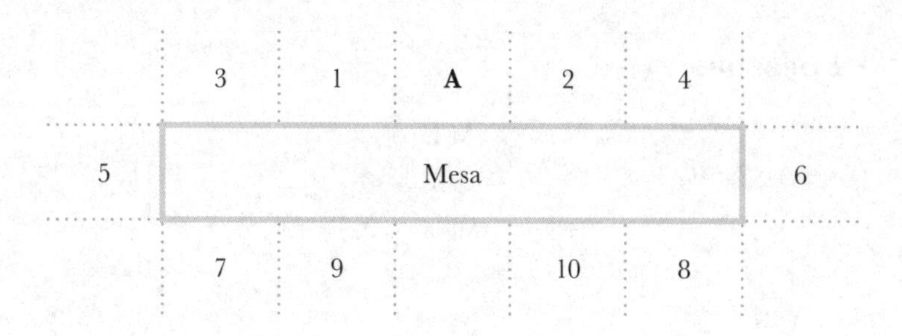

A = Dono da casa

Como só há uma presidência, a regra é sempre direita, esquerda. Não se senta ninguém em frente do anfitrião para não criar a segunda presidência.

A vantagem é colocar junto do anfitrião quadros da empresa (9 e 10) que sendo hierarquicamente inferiores aos outros, são os que estão dentro do assunto que vai ser discutido durante a refeição.

- **14 pessoas**[16]

Em que o anfitrião (A) oferece a 2.ª presidência ao convidado de honra (1).

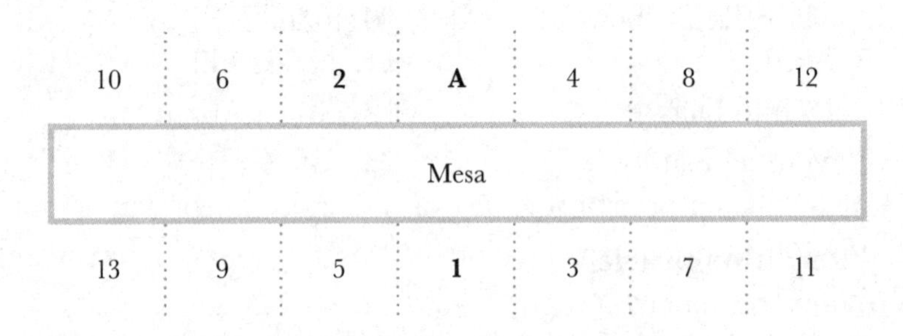

Neste caso, o 2.º convidado mais importante fica à direita do anfitrião e o 3.º à direita do convidado de honra, o 4.º à esquerda do anfitrião e o 5.º à esquerda do convidado de honra e assim sucessivamente.

Refeições sociais (com cônjuges)

- **4 pessoas**

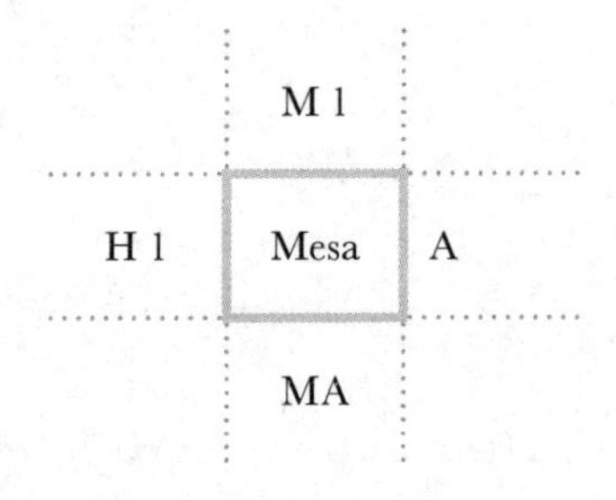

16 Não é o número ideal visto que, se faltar um convidado à ultima hora, ficam 13 pessoas à mesa.

Se os donos da casa se sentassem um em frente do outro, para separar o casal de convidados, ficavam duas senhoras juntas, por isso é preferível que as duas senhoras se sentem uma em frente da outra. A 1.ª presidência é do dono da casa, que dá a direita à convidada e a esquerda à mulher, que, por sua vez, fica à direita do convidado (2.ª presidência), facilitando a conversa.

• 6 pessoas

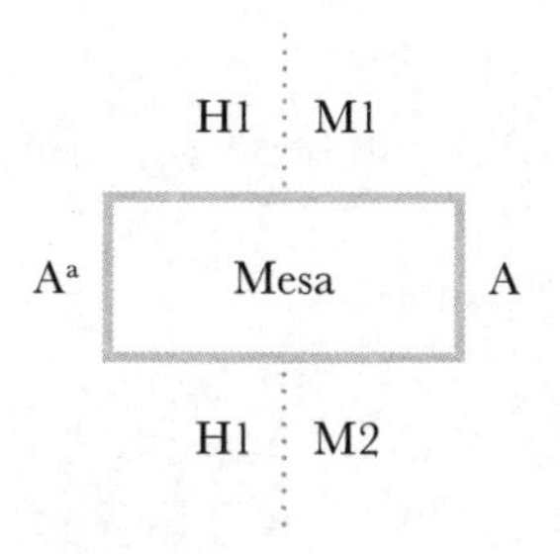

Já não há nenhum problema e os donos da casa podem sentar-se um em frente do outro, ficando os casais separados e havendo alternância de genero:

• 8 pessoas

Numa mesa oval, com presidência à francesa, em que se pretende evitar juntar casais ou sentar duas senhoras juntas, existem várias hipóteses:

1.ª hipótese

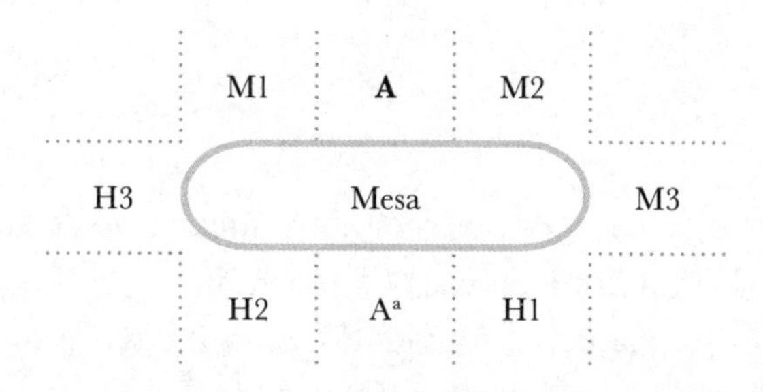

Se o dono da casa (A) se sentar em frente da sua Mulher (Aª), a mesa fica desequilibrada pois ficam duas senhoras juntas (M2 / M3) e uma delas (M3) numa das cabeceiras da mesa. O problema podia resolver-se se se tratasse de uma mesa redonda. Mas continuaria a ser impossível sentar um homem, seguido de uma senhora, seguida de um homem, seguido de uma senhora, como é da praxe.

2.ª hipótese

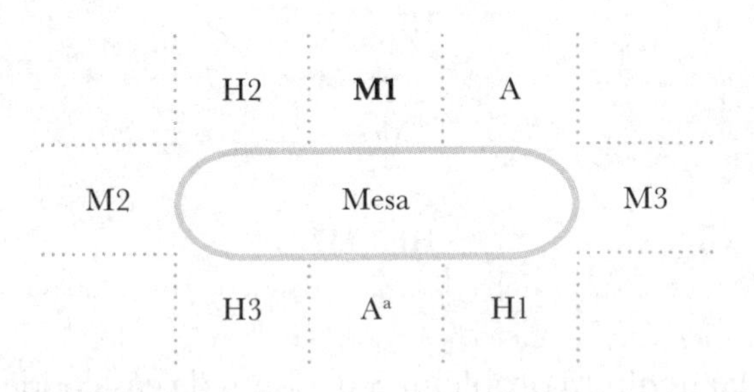

Se a dona da casa presidir com outra senhora (M1), ficam duas senhoras nas extremidades da mesa (M2 e M3) e, o que é pior, um casal junto (M2+H2). Mesmo tratando-se de uma mesa redonda, seria impossível separar todos os casais.

3.ª hipótese

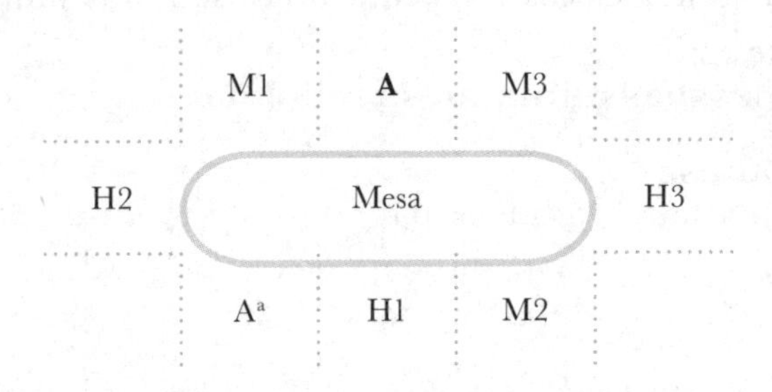

Se o dono da casa (A) oferecer a presidência ao convidado mais importante (H1), a dona da casa (Aª) deveria, segundo o protocolo, sentar-se à esquerda desse convidado (para lhe dar a direita). Mas, nesse caso ficaria um casal junto (H3 e M3).

Soluções:

1. Pode-se colocar a mulher do 2.º convidado à direita do anfitrião e a mulher do 1.º convidado à esquerda. A dona da casa fica à esquerda do convidado de honra, dando-lhe a direita.

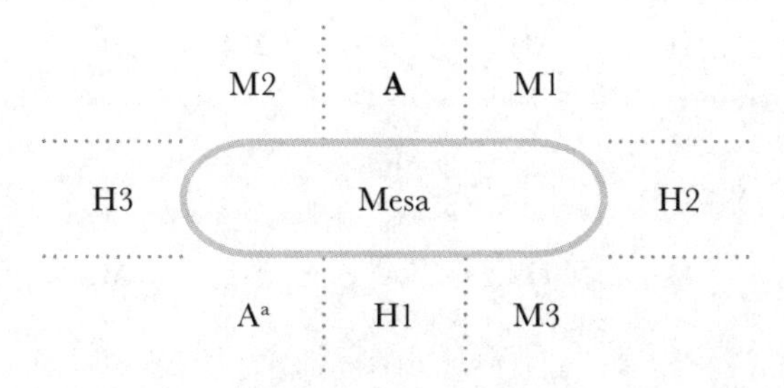

2. Pode-se sentar a dona da casa à direita do convidado que ocupa a 2.ª presidência, mas a solução anterior é preferível.

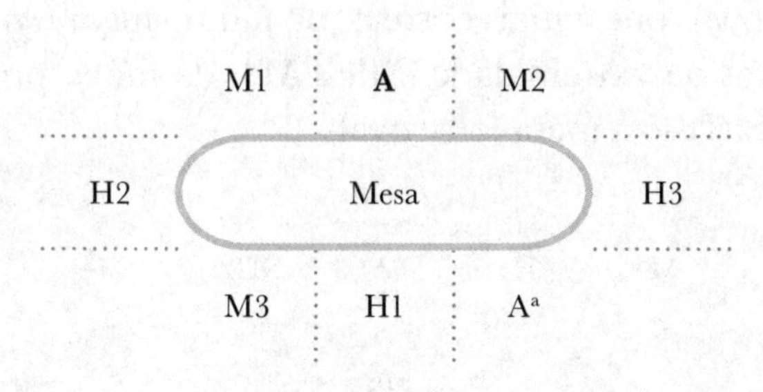

- **10 pessoas numa mesa redonda**

É um dos números ideais para mesas perfeitas, até porque não há convidados nas extremidades da mesa...

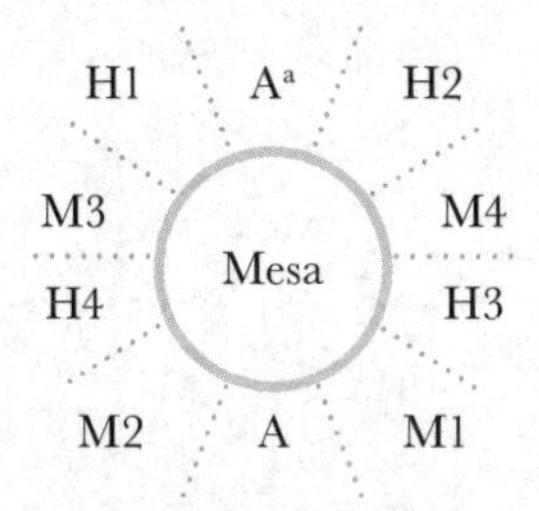

- **10 pessoas numa mesa retangular**

Numa mesa retangular, usando-se o esquema de colocação à mesa anterior, as senhoras M4 e M3 ficam nas extremidades da mesa. É um mal menor, só evitável se se optar por uma mesa redonda ou oval.

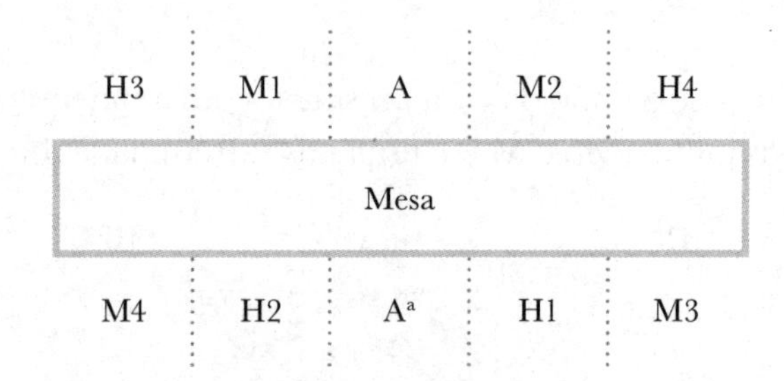

Se um dos convidados for, por exemplo, um padre ou um bispo (I) é ele quem deve presidir com a dona da casa (Aª). Neste caso, o dono da casa (A) deve colocar-se ou à direita da primeira senhora (3) ou, o que é mais correto, no último lugar (A). Mas ficam duas senhoras na extremidade (M3 e M4) da mesa, problema que não se colocaria se a mesa fosse oval.

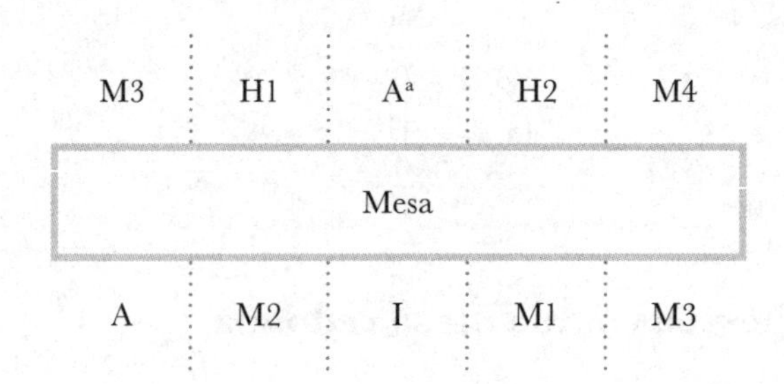

- **10 pessoas (4 casais convidados) com presidência à inglesa**

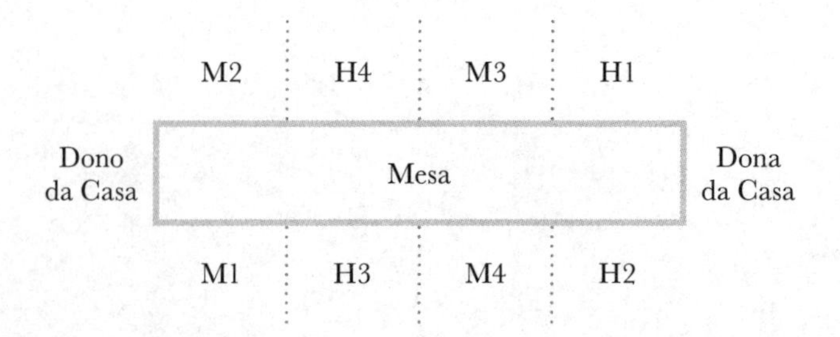

A regra é, mais uma vez, direita, esquerda, havendo a preocupação de não juntar casais. No caso de presidência à inglesa não existe o problema de não colocar senhoras nas extremidades das mesas, visto que é aí que se sentam os anfitriões.

- **12 pessoas**

Neste caso, se o dono da casa presidisse com a sua mulher ficariam duas senhoras juntas (M5 e M4) e uma nas extremidades da mesa (M5).

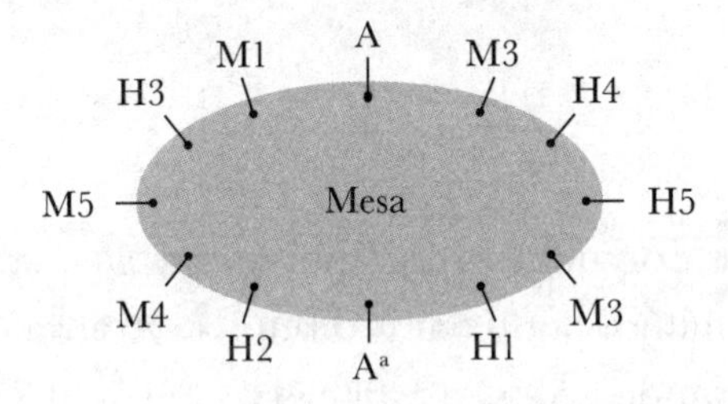

Se o dono da casa presidisse com outro homem, ficariam duas senhoras nos topos da mesa (M4 e M5).

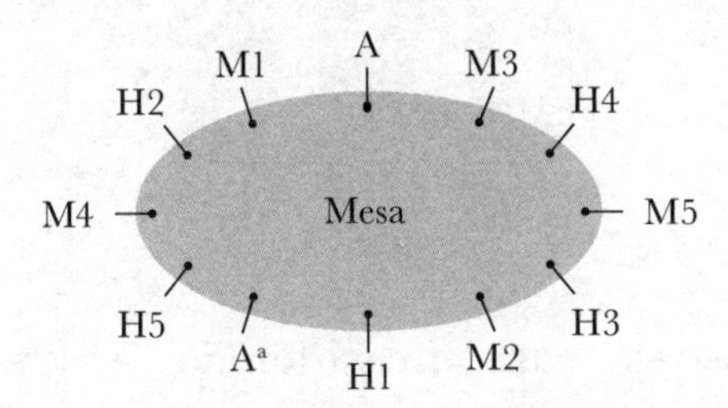

Se o dono da casa ceder a sua presidência a uma convidada, deve ficar no lugar do último dos convidados.

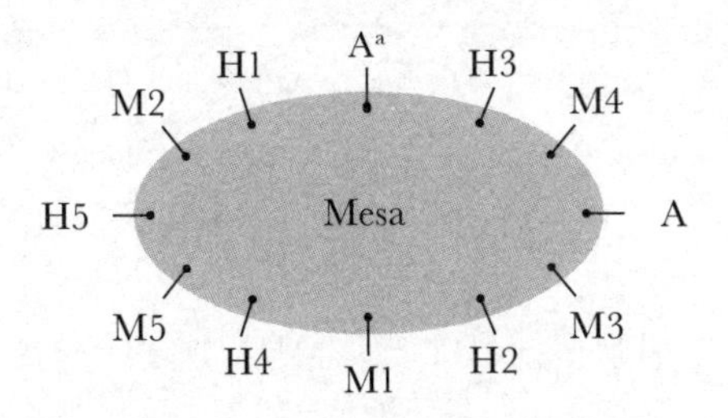

Mas, se o dono da casa for para o último lugar, ou seja, sentando-se na extremidade do lado esquerdo da dona da casa, o casal n.º 5 fica junto na extremidade do lado direito. Por isso, o dono da casa deve sentar-se no penúltimo lugar, que é o da extremidade da mesa do lado da 2.ª presidência.

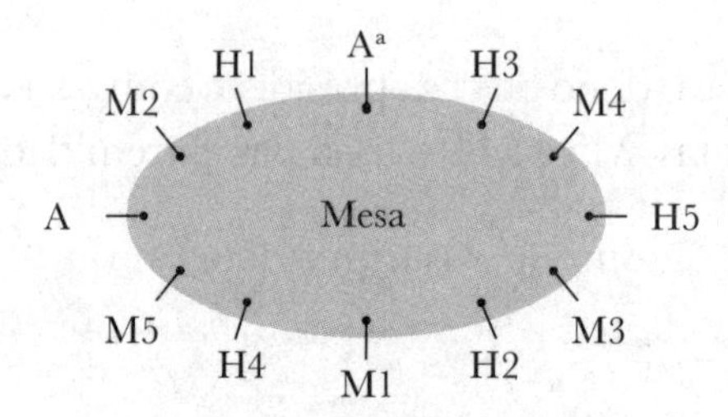

Se se optar por uma presidência feminina, mas à inglesa, o dono da casa também pode dar a direita à senhora que ocupa a 2.ª presidência, sentando-se à sua esquerda.

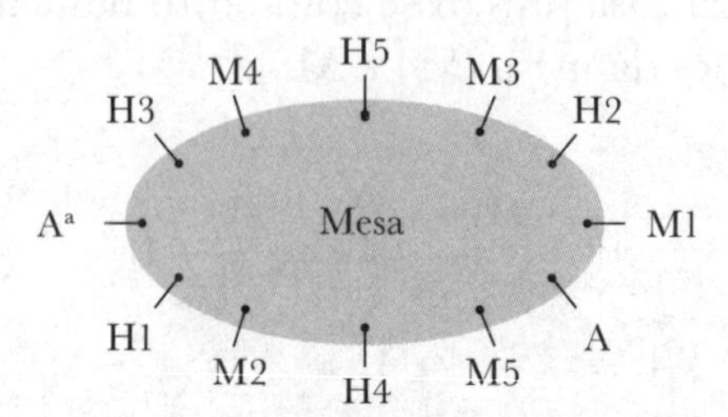

- **14 pessoas com presidência à francesa (mesa retangular)**

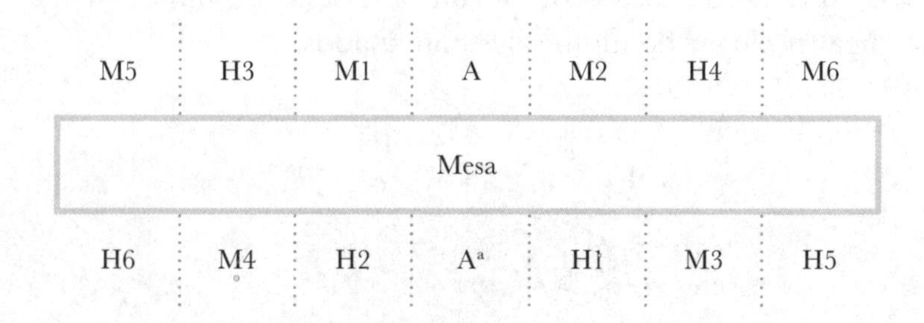

Neste caso, não se colocando ninguém nas cabeceiras da mesa, o único problema são as senhoras que ficam nas extremidades, ou seja, nos últimos lugares do lado do dono da casa. Mas não é tão grave como colocá-las nos topos da mesa.

- **16 pessoas (8 casais)**

Se os donos da casa se sentarem frente a frente, fica uma senhora na cabeceira da mesa ao lado de outra senhora. Por isso é preferível que o dono da casa presida com outro convidado, sentando-se a dona da casa à esquerda desse convidado (a quem dá portanto a direita):

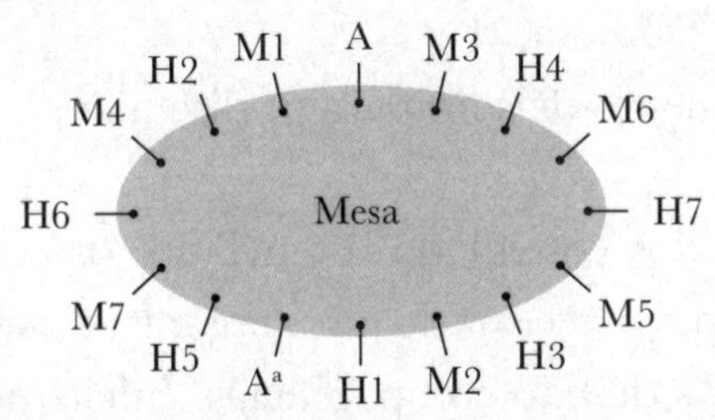

No caso de serem 18 pessoas é preferível colocar 9 de cada lado da mesa e ninguém nas cabeceiras. Neste caso os donos da casa presidem um em frente do outro.

No caso de serem 20 pessoas à mesa, se os donos da casa se sentarem um em frente do outro, ficam duas senhoras juntas e uma na cabeceira da mesa. Se o dono da casa presidir com o convidado mais importante, ficam duas senhoras nas cabeceiras da mesa. É por isso preferível que a dona da casa presida com a mulher do convidado mais importante.

Como um dos objetivos do protocolo é encontrar um equilíbrio entre a rotina e as surpresas, sugiro mais uma *check-list*, desta vez para a organização de refeições formais. Aliás, esta lista deve ficar anexa à exemplificada na página 166 quando se arquivar o processo de organização de determinado acontecimento. A experiência ensinou-me que são rotinas deste tipo que poupam tempo e, sobretudo, evitam desastres.

- Lista de convidados;
- Convites;
- Reserva provisória de sala (n.º de presenças = n.º de convidados);
- Confirmação do convidado de honra;
- Ementa, vinhos e aperitivos;
- Plano de mesa;
- Reserva definitiva da sala;
- Flores;
- Cartões de mesa;
- Equipamento de som para os discursos.

Feita a lista dos convidados e enviados os convites, já se tem uma noção do espaço necessário para organizar o evento. Em regra, conta-se com 30% de não comparências. Infelizmente, para quem organiza este tipo de acontecimentos, a percentagem pode aumentar até 50% ou diminuir até 10% e, por isso, a reserva da sala deve ser provisória até se ter uma ideia mais precisa de quantos convidados vão de facto aparecer no dia do acontecimento.

O convidado de honra deve ser o primeiro a ser convidado e só depois da confirmação da sua presença devem ser enviados os outros convites onde poderá incluir a menção «Em honra do Senhor X».

A ementa, o vinho e a decoração da sala devem ser decididos logo que se marca a sala e mesmo ainda antes de se obterem as respostas ao convite. Mas as quantidades de comida e bebidas só devem ser encomendadas quando houver resposta de pelo menos 50% dos convidados.

*

EMENTAS, VINHOS E FLORES

Se as refeições seguissem um princípio lógico bastaria escolher uma entrada para abrir o apetite, um prato para o satisfazer e uma sobremesa para ajudar a digerir. No entanto, algumas refeições formais são mais complicadas: serve-se primeiro um prato de peixe e depois um prato de carne, a sobremesa é antecedida de queijos e seguida de café e licores. Muitas vezes, antes de se passar à mesa já foram servidos os aperitivos, que, se forem muito abundantes, em vez de abrir matam o apetite...

Na elaboração da ementa devem-se escolher pratos simples mas originais. Por exemplo:

- Creme de aves com amêndoa torrada;
- Crepes de tamboril com salada;
- Pato à antiga portuguesa;
- Marquise de chocolate;
- Morangos silvestres com natas.

Uma boa ideia é dar um toque regional à ementa, de acordo com o local em que a refeição for servida. No Alentejo, use coentros; em Sintra, sirva queijadas; no Algarve, ofereça doces de ovos. E com um pouco de imaginação, mesmo que o seu fornecedor só tenha uma especialidade, pode sempre batizá-la com nomes originais, conforme o local ou motivo da refeição.

Deve-se ter o cuidado de não oferecer carne de porco nem vinhos a visitantes de países muçulmanos, nem carne de vaca a hindus. O melhor é perguntar sempre se algum dos convidados tem restrições alimentares. Hoje em dia são tantas as intolerâncias que é impossível elaborar uma ementa que possa ser apreciada por todos.

Os aperitivos podem ser *gin*, *whisky*, Porto e Madeira (secos), a que acrescentará, ou não, o inevitável Vermute. Como há quem não beba bebidas alcoólicas, deve também ter sumos.

A refeição pode ter um ou dois pratos antecedidos de uma entrada e seguidos de uma sobremesa (doce com fruta). Os queijos são um bom final de refeição, normalmente acompanhados de vinho do Porto.

O vinho do Porto pode ser servido pelo empregado de mesa na garrafa de origem, mas se o quiser servir como deve ser, tem de o decantar para uma garrafa de cristal apropriada. Nesse caso, a garrafa deve ser colocada em cima da mesa, à direita do dono da casa. Os convidados devem servir-se a si próprios e entregar a garrafa ao vizinho da direita. A garrafa deve circular no sentido contrário dos ponteiros do relógio até chegar às mãos do dono da casa.

Mesmo sendo abstémio, não deve recusar que lhe deitem umas gotas de porto no seu cálice – para depois o poder levantar (mesmo sem beber), quando chegar a altura dos brindes. É que, dizem os especialistas na matéria, brindar com água dá um grande azar...

Com a entrada e com o peixe ou marisco, serve-se vinho branco fresco. Com caça, carne e bacalhau, serve-se vinho tinto à temperatura ambiente mas sem nunca exceder os 17º, 18.º C. Se os convidados preferirem não fazer misturas de vinhos, podem continuar a beber vinho branco com a carne, ainda que não seja o apropriado.

As flores usadas na decoração da mesa podem ter as cores da bandeira do país do visitante. Devem evitar-se arranjos muito altos que impeçam a visão das pessoas que estão do outro lado da mesa. E não se devem usar flores perfumadas. Estas devem ser colocadas, por exemplo, nas jarras da sala onde se servem os aperitivos, mas não nos centros de mesa, para não provocarem dores de cabeça em convidados mais sensíveis nem prejudicarem o aroma da refeição.

*

COMPORTAMENTO DOS CONVIDADOS

O primeiro requisito é obviamente a pontualidade. Ninguém gosta de esperar horas pela chegada de um convidado para se poder passar à mesa. Quando entrar em casa de alguém, deve começar por falar em primeiro lugar a quem o convidou, ou seja, aos donos da casa, e só depois aos outros convidados. Os homens devem levantar-se sempre para cumprimentar. Apesar de se manter a regra de que em sociedade as senhoras só se devem levantar para falar ou serem apresentadas a senhoras mais velhas, membros de família real ou altos dignitários da Igreja, a dona da casa, tal como o seu marido, deve levantar-se sempre que entrar um novo convidado para lhe falar e o apresentar aos que o antecederam.

O chefe de Estado representa a Nação e por isso preside sempre que for convidado. Como todos os chefes de Estado têm o mesmo nível, quando numa cerimónia coincidem reis e presidentes o protocolo ordena-os pela antiguidade.

Existe uma regra internacional de cortesia que diz que um soberano, mesmo exilado, ou uma Alteza Real, quando convidados para uma receção oficial, devem assumir a presidência, pois são convidados como estando em sua casa. Os donos da casa colocam-se neste caso à esquerda dos convidados reais, para lhes darem a direita, é claro.

À mesa ninguém deve monopolizar a conversa. Por outro lado, deve-se falar sucessivamente com a pessoa sentada à direita e à esquerda, mesmo que uma seja muito interessante e a outra só responda com monossílabos. Uma vez fiquei sentada ao lado de um senhor muito tímido a quem não consegui extrair mais do que monossílabos e sorrisos apesar de ter tentado lançar vários temas de conversa. Mas no fim do jantar o dono da casa disse-me que ele tinha gostado muito de falar comigo. Julgo que o que lhe agradara mais fora o facto de não se sentir excluído da conversa.

Quando há convidados estrangeiros devem misturar-se com os nacionais. Deve procurar-se juntar pessoas que falem idiomas comuns. Em caso de nível igual, dá-se a precedência ao convidado estrangeiro.

Em receções oficiais, as mulheres com cargos oficiais sentam-se nos lugares que lhes correspondem profissionalmente e não socialmente.

As mulheres solteiras colocam-se em regra depois das casadas. Quando há uma mesa única, não se devem sentar marido e mulher nem lado a lado, nem frente a frente, a não ser os donos da casa se só houver uma mesa. Não é costume sentar lado a lado os casais na mesa de refeições. Há quem justifique esta regra com a «lei do descanso matrimonial». Quando há várias mesas, é costume sentar cada um na sua mesa.

Passado o tempo dos aperitivos, quando o chefe dos empregados de mesa avisa a dona da casa de que o jantar está pronto, se for um jantar pequeno, esta acompanha as senhoras até à sala de jantar e o marido acompanha os homens. Se o jantar tiver muitos convidados, cada pessoa que vai presidir a uma mesa deve levar consigo as pessoas que vai sentar à direita e à esquerda; as outras devem segui-los.

Chegados à mesa, cada senhor ajuda a sentar a senhora à sua direita e no fim ajudam-na a levantar-se.

Os empregados de mesa devem ser instruídos sobre a ordem que devem seguir para servir à mesa. Em mesas muito grandes devem dividir-se em setores, atribuindo a cada empregado de mesa uma zona, para que todos sejam servidos (quase) ao mesmo tempo.

É costume esperar que a dona da casa comece a comer para os convidados pegarem nos talheres. Em jantares pequenos, a dona da casa espera que todos estejam servidos para começar a comer, mas, em jantares muito grandes, basta esperar que a maioria dos convidados esteja servida. Ninguém deve dizer «Bom apetite» porque seria o mesmo que dizer «Ao ataque».

Mesmo que esteja num local em que é permitido fumar (e são cada vez menos, graças a Deus!) não se fuma à mesa, antes do doce ou do queijo serem servidos. E pede-se sempre licença às senhoras antes de acender o cigarro. Nos tempos modernos, em que fumar é cada vez mais um vício feminino, as senhoras também devem perguntar aos seus companheiros de mesa se se importam que elas fumem, sobretudo se ninguém estiver a fumar. Os empregados de mesa devem ser instruídos para colocar os cinzeiros na mesa depois de o doce ter sido servido. Mas hoje em dia o que acontece é que de repente metade da mesa se levanta para ir fumar lá fora e por isso talvez a regra hoje seja pedir licença à pessoa que está sentada ao seu lado para ir lá fora fumar, abandonando-a...

É a dona da casa (ou o dono da casa no caso de ser um jantar só de homens) que deve dar o sinal de que a refeição acabou, levantando-se. Em Portugal existe o costume de todos os convidados no final do jantar, agradecerem o «magnífico jantar» dando um beijo à dona da casa antes de passar para a outra sala onde ficarão a conversar depois do jantar.

*

SERVIÇO DE MESA

A mesa deve refletir o bom gosto dos anfitriões e, por isso, se deve usar o melhor serviço de louça e copos, o melhor faqueiro e guardanapos de bom tecido.

1 – Guardanapo; **2** – Garfo de Peixe; **3** – Garfo de Carne; **4** – Marcador; **5** – Prato; **6** – Prato de Sopa; **7** – Faca de Carne; **8** – Faca de Peixe; **9** – Colher de Sopa; **10** – Prato de Pão; **11** – Faca de Sobremesa; **12** – Garfo de Sobremesa; **13** – Colher de Sobremesa; **14** – Cartão de Mesa; **15** – Copo de Água; **16** – Copo de Vinho Tinto; **17** – Copo de Vinho Branco; **18** – Cálice de Vinho do Porto.

- Os talheres colocam-se habitualmente na mesa. As facas, tal como a colher da sopa, colocam-se à direita (lâmina cortante virada para o prato). Os garfos colocam-se à esquerda. Em frente do prato podem colocar-se os talheres para o doce e a fruta.
- Os talheres de sobremesa podem ainda ser trazidos com o respetivo prato e lavabo no final da refeição. O lavabo é cada vez mais raro aparecer porque a fruta é servida laminada e os dedos não precisam de ser lavados. Mas se vier um lavabo para a mesa, deve retirá-lo e colocá-lo com o *naperon* no lado superior esquerdo do prato de sobremesa, devendo, ainda, colocar o garfo à esquerda e a faca à direita do prato, para poder ser servido. Se precisar, pode molhar os dedos no lavabo e limpá-los ao guardanapo.
- Os copos dispõem-se em frente do prato pela seguinte ordem, a partir da esquerda: copo de água, copo de vinho tinto, copo de vinho branco. Mas isto só se aplica se tiver um serviço de copos tradicionais. Os serviços modernos têm copos de vinho tinto de vários feitios e tamanhos. Pode-se também colocar um cálice para o vinho do Porto devendo ficar atrás do copo de vinho branco.
- Entre os talheres de sobremesa e os copos pode colocar-se um cartão de mesa com o nome de cada convidado. Em jantares oficiais, antes do nome escreve-se o cargo do convidado de um dos lados e do outro apenas o nome.
- Os guardanapos colocam-se à esquerda de cada conviva, assim como o prato com o pão. Se em relação ao prato do pão não existem dúvidas, já em relação ao guardanapo a doutrina divide-se. O protocolo é explícito e indica o lado esquerdo, como em Inglaterra, mas, na maioria das casas portuguesas, o guardanapo é colocado à direita do prato, como em França. Para a generalidade das pessoas é mais fácil recolher o guardanapo com a mão direita e colocá-lo no colo sem ter de o passar por cima do lugar à mesa. Mas talvez a regra protocolar da colocação do guardanapo à esquerda do prato tenha sido inventada por um chefe do protocolo canhoto[17]...

17 Esta regra faz com que na maioria dos jantares oficiais se assista à cena do guardanapo desaparecido: um dos convidados não encontra o guardanapo até que repara que no outro lado da mesa está um guardanapo esquecido à esquerda de um convidado que puxou pelo guardanapo da direita...

- As saladas servem-se normalmente com a carne, colocando-se um prato em meia-lua ou um pratinho pequeno à esquerda do prato grande.
- Retiram-se os pratos pela esquerda e substituem-se simultaneamente pela direita, de modo a não deixar nunca o lugar vazio. No caso de se utilizarem marcadores, estes são retirados juntamente com os pratos em que se serviu a carne. Mas há quem não siga esta regra e só retire o marcador com o prato de sobremesa para servir o café.
- O vinho é servido pela direita, quer na sua embalagem de origem, quer, depois de decantado, numa garrafa de cristal.
- Em jantares menos formais, colocam-se as garrafas nos topos da mesa e os convidados servem-se ou são servidos pelos donos da casa.
- Nas casas particulares, as pessoas não são servidas pelos empregados como se estivessem num restaurante mas servem-se elas próprias da travessa, que lhe é apresentada pela esquerda. O empregado de mesa deve servir segurando a travessa na mão esquerda e mantendo a direita atrás das costas.
- As senhoras, incluindo a dona da casa, são servidas antes dos homens, exceto os soberanos e pretendentes ao trono, os chefes de Estado e os altos dignitários da Igreja[18].
- Serve-se primeiro a senhora colocada à direita do dono da casa, depois a que está à esquerda; em seguida as senhoras colocadas à direita e à esquerda da dona da casa; depois a dona da casa; só então se servem os homens, a começar pelo que estiver à direita da dona da casa, seguindo-se o que fica à sua esquerda, e assim por diante, até acabar no dono da casa.
- Os pratos principais podem servir-se duas vezes. Mas nos jantares com muitas pessoas é preferível, por razões óbvias, não o fazer. A sopa ou *consommé*, a entrada, os queijos e a fruta nunca se servem segunda vez. Ao repetirem-se os pratos, começa por se servir as pessoas que acabaram primeiro e não se segue a ordem protocolar da primeira vez, nem se espera que todos estejam servidos para começar a comer.

18 Nas famílias católicas, um sacerdote é sempre servido em primeiro lugar.

- Terminada a refeição, o guardanapo é colocado, sem dobrar, ao lado direito do prato.
- O café costuma ser servido numa sala ao lado da sala de jantar com os digestivos.

COCKTAILS

Os *cocktails* permitem ter mais convidados e dão aparentemente menos trabalho a organizar. Mas têm regras específicas. Como para um *cocktail* se convidam mais pessoas, é preciso:

- prever lugar para estacionar os carros;
- arranjar um sítio e organizar um sistema para deixar os casacos e depois os recuperar;
- verificar se há espaço suficiente para que todos os convidados possam circular e serem servidos pelos criados.

Os convites devem enviar-se com uma antecedência máxima de 30 dias e mínima de 10 dias. Normalmente, calcula-se que 60% dos convidados para um *cocktail* apareçam, mesmo que não tenham confirmado a sua presença.

Os anfitriões devem receber os convidados à porta durante a primeira meia hora, mas depois, podem (e devem) circular pelas salas, ficando apenas atentos à chegada tardia de algum convidado de maior importância.

Se não se tratar de um *cocktail dînatoire*, a maioria das pessoas sabe que deve sair antes da hora do jantar e, por isso, não é preciso mencionar no convite, como se faz nalguns países, das 19 às 21 horas. Se, no entanto, a essa hora ainda houver muitos retardatários, pode reduzir drasticamente o serviço de bebidas. Só em desespero de causa é que os donos da casa se devem colocar perto da porta de saída.

A ementa deve ser escolhida de modo a poder ser comida de pé e com os dedos. Uma vez, num *cocktail* em casa de um diplomata, servi-me de um salgadinho sem prestar muita atenção e, ao dar-lhe uma dentada, fiquei coberta de molho de camarão, o mesmo acontecendo a vários convidados desprevenidos. Descobri depois que alguém na cozinha tinha decidido cortar os rissóis ao meio antes de serem servidos...

Não se esqueça de instruir os empregados de mesa para distribuírem guardanapos sempre que servirem os convidados. Evita assim que estes se se sintam tentados a limpar discretamente as mãos na toalha ou na cortina...

As bebidas devem ser simples. Nada de *cocktails* complicados. *Whisky*, *gin*, sumos variados e vermute – para falar apenas nas bebidas mais consumidas em Portugal. O Porto e o Madeira só costumam infelizmente aparecer nas receções onde há muitos convidados estrangeiros...

Em casas particulares onde é permitido fumar, é indispensável ter muitos cinzeiros na sala para proteger o chão e os tapetes. Os empregados de mesa devem ser avisados para limpar periodicamente os cinzeiros, de preferência para dentro de uma beateira. Um dos truques que existem para acabar com um *cocktail* é dar ordens aos empregados de mesa para deixarem de servir bebidas e se dedicarem à limpeza dos cinzeiros...

É normal que num *cocktail* toda a gente se junte na primeira sala e deixe as outras vazias. Aos donos da casa compete levá-los para outras paragens. Uma solução é ter pequenos bares, ou mesas com travessas de salgados, nas salas mais distantes da entrada para atrair os convidados para essas paragens longínquas.

Quando as empresas convidam para uma cerimónia ao fim da manhã, seguida de aperitivos, não se trata propriamente de um *cocktail*, apesar de serem servidas as mesmas bebidas e salgadinhos.

Nesse caso, para que os convidados percebam que um convite para as 12h30 não é para almoçar mas apenas para tomar uma bebida, pode-se mencionar no convite que será servido um «Porto/vinho de honra» a seguir à cerimónia. O traje é, neste caso, informal como se fosse para um almoço e não para um *cocktail* ao fim do dia.

RECEÇÕES

Receção é, segundo os dicionários de língua portuguesa, o ato de receber. Quando se é convidado para uma receção, sabe-se apenas que não se é convidado para almoçar ou jantar. Por isso, não há receções às horas das refeições principais. Todas as receções são marcadas para antes do almoço (os chamados Portos de Honra, por exemplo) ou para antes do jantar (os *cocktails*, em regra). Mas também houve em tempos receções depois do jantar. Anteriores presidentes da República, quando ofereciam um banquete em honra de um visitante estrangeiro, costumavam convidar, mas só para tomar café, largas dezenas de pessoas, que, nos salões do Palácio da Ajuda, conviviam então com os *happy few* que tinham tido lugar sentado à mesa do chefe de Estado. Com o atual presidente isto já não acontece. Deixaram por isso de haver convidados de primeira e de segunda para os banquetes de Estado.

É claro: quanto mais as horas das receções se aproximam das horas das refeições, mais as pessoas que convidam têm de estar preparadas para oferecer aos seus convidados algo mais substancial do que uma bebida. Não se pode pedir a ninguém que compareça a uma receção às 20h00 sem lhe matar a fome que, a essa hora, já há de ter... O que hoje em dia sucede, cada vez com mais frequência, é que estas receções ao princípio da noite são, afinal, jantares disfarçados, que se comem de pé. São os chamados *cocktail dînatoire*. Podem fazer-se obviamente muito mais convites do que para um jantar sentado. E quem convida perde menos tempo e tem menos trabalho. Por outro lado, como os convidados ficam mais tempo do que num *cocktail*, isto permite a quem dá a receção, circular durante muito mais tempo pelo meio dos convidados depois de receber os cumprimentos das pessoas à entrada e antes de voltar a receber as despedidas à saída. A propósito, a ordem de colocação dos anfitriões na linha de receção é linear:

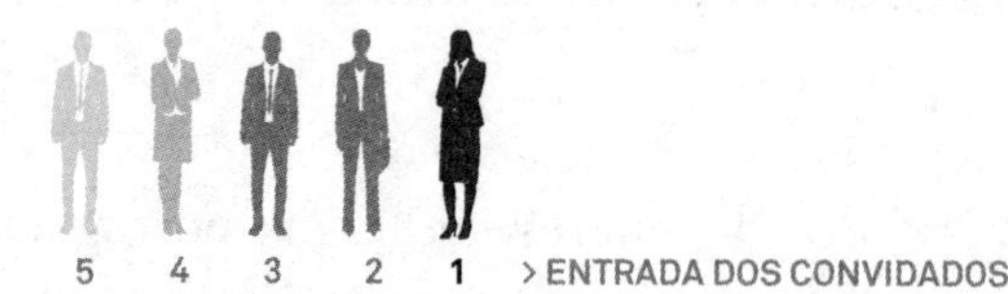

Se se tratar do Conselho de Administração da empresa, o n.º 1 será o presidente, o n.º 2 o vice-presidente e os n.ºs 3 e 4 os vogais. Se estiverem acompanhados pelas mulheres, a mulher do presidente ocupa o 2.º lugar, a do vice-presidente o 4.º e assim sucessivamente.

O lugar indicado pelo n.º 5 poderá ser ocupado, por exemplo, pelo diretor das relações públicas da empresa ou por alguém que indique discretamente os nomes e cargos dos convidados que forem desfilando, mas sem os cumprimentar, a não ser com um aceno de cabeça.

Numa receção deste género é possível, num espaço restrito, ter um *buffet* com pratos quentes e frios sem necessidade de arranjar espaço e cadeiras para as pessoas se sentarem a comer, bastando colocar pequenas mesas redondas e altas de apoio para os convidados pousarem os copos enquanto comem pequenas porções de comida.

Num *cocktail dînatoire* podem colocar-se algumas mesas normais com cadeiras de apoio, sem lugares marcados. O que nunca se deve fazer é ter apenas duas ou três mesas com lugares marcados e obrigar os outros convidados a comer em pé, assistindo ao espetáculo das pessoas mais importantes a serem servidas com todos os requintes. Uma vez, num jantar em que o protocolo (o Protocolo de Estado...)

só organizara quatro mesas para sentar os convidados mais ilustres, assisti à debandada indignada da maioria dos outros convidados, que não aceitaram ficar a comer em pé.

Baseando-se nas seguintes fórmulas de cálculo, será mais fácil escolher o tipo de programa social em função do espaço disponível:

Refeição sentada em mesa única

1 m^2 = 1/2 pessoa = 1/2 pessoa/m^2

Ou seja, numa sala de 20 m^2, dimensão mais comum em apartamentos, só é possível sentar confortavelmente 10 pessoas, de modo a que o serviço de mesa se possa fazer sem entraves. Se se tratar de uma sala onde, para além da mesa e das cadeiras, não existam outros móveis, poderá sentar mais duas pessoas.

- **Mesas múltiplas**

1m^2 = 1 pessoa = 1 pessoa/m^2

Se conseguir espalhar os convidados por três salas, cada uma com 20 m^2, por exemplo, obtém um espaço de 60 m^2 onde pode sentar 60 pessoas (6 mesas de 10 pessoas).

Refeição em pé *(buffet)*

1 m^2 = 1,5 pessoas = 1 1/2 pessoas/m^2

Neste caso, como os convidados se vão servir a uma ou várias mesas, mesmo que não comam todos em pé, os empregados já não precisam de espaço para servir à roda das mesas.

Por isso, nos mesmos 60 m^2 das três salas contíguas já pode receber cerca de 90 pessoas.

Cocktail/Receção

$1\ m^2 = 2$ pessoas $= 2$ pessoas/m^2

Se apenas servir bebidas, aperitivos e tapas, não precisa de espaço para mesas de apoio, bastando improvisar um pequeno bar numa mesa ou duas. Nesse caso, é possível no mesmo espaço, 60 m^2, acolher 120 pessoas.

Receções na empresa

No caso de uma pequena receção informal numa empresa, em que só se convidam os respetivos funcionários, o protocolo é evidentemente mais flexível. Mas deve haver o cuidado de decorar a sala, colocar uma mesa com bebidas e aperitivos a um canto e evitar o uso de toalhas de papel ou copos de plástico, para que todos os convidados sintam que se trata de uma ocasião especial.

Se, por acaso, o chefe da empresa não conhecer todos os colaboradores que convidou para a receção, deve ter junto de si alguém que os conheça e possa ir segredando o nome ou o cargo das pessoas que se apresentarem para o cumprimentar.

Estas receções dentro das empresas contribuem para criar e manter o espírito de equipa, tantas vezes fundamental para alcançar os objetivos estratégicos da empresa. Importa por isso dar-lhes a devida atenção, organizando-as com tanto cuidado como as outras, destinadas ao exterior. E vale a pena ter os necessários cuidados para que estas festas se não transformem num carnaval ou num velório. Ou seja: nem oito nem oitenta. Como mandam o bom senso e o bom gosto.

*

BIBLIOGRAFIA

ALVARADO, Maria Teresa Otero, *Protocolo y Empresa. El Cerimonial Coorporativo*, Barcelona, 2011.

AUSTIN, Claire, *As Relações Públicas com Sucesso*, Lisboa, 1993.

AXTELL, Rogar E., *Do's and Taboos Around the World*, Nova Iorque, 1993.

BACHMANN, Philippe, *Communiquer avec la Presse*, Paris, 1994.

BALDRIGE, Laetitia, *New Complete Guide to Executive Manners*, Nova Iorque, 1993.

BETTEGA, Maria Lúcia, *Eventos e Cerimonial. Simplificando Acções*, Caxias do Sul, 2006.

BUZZACCARINI, Vittoria de, *Abito de Societá*, Milão, 1986.

CLERMONT-TONERRE, Princesse Hermine de, *Politesse Oblige*, Paris, 1996.

CUENCA, Fernando Rueda e MONFORTE, José Carios Sanjuan, *El Protocol en la Sociedad y en la Empresa*, Madrid, 1996.

CUNHA, Hélder de Mendonça e, *Regras do Cerimonial Português*, Lisboa, 1976.

DENUELLE, Sabine, *Le Savoir-Vivre*, Paris, 1996.

DHOQUOIS, Régine, *La Politesse – Vertu des Apparences*, Paris, 1996.

FERNANDES, Cristina, *Manual de Protocolo Empresarial*, Lisboa, 2014.

GANDOUIN, Jacques, *Guide du Protocole et des Usages*, Paris, 1991.

GOMES, António Silva, *Publicidade e Comunicação*, Lisboa, 1991.

LAMPREIA, J. Martins, *Comunicação Empresarial – As Relações Públicas na Gestão*, Lisboa, 1992.

LECHERBONNIER, Marie France, *Le Savoir-Vivre*, Paris, 1994.

LOPÉZ, Camilo, *El Libro de Saber Estar*, Madrid, 1995.

MAGALHÃES, José Calvet de, *Manual Diplomático*, Lisboa, 1996.

MARCHESI, Maria Rosa, *El Protocolo Hoy*, Madrid, 1993.

MATARAZZO, Claudia, *Etiqueta Sem Frescura*, São Paulo, 1995.

MEIRELLES, Gilda Fleury, *Protocolo e Cerimonial. Normas, Ritos e Pompa*, São Paulo, 2011.

MINISTÉRIO do Planeamento e da Administração do Território/Associação Nacional de Municípios, *Guia do Protocolo Autárquico*, Lisboa, 1990.

MORGAN, John, *Debrett's New Guide to Etiquette and Modern Manners*, Londres, 1996.

PIERSON, Marie Louise *Valorizez votre Image*, Paris, 1997.

QUEVEDO, Gloria Campos García de, *Eventos Corporativos: Puesta en Escena, Creatividad y Espectáculo*, Madrid, 2016.

RIBEIRO, Célia, *Boas Maneiras & Sucesso nos Negócios*, Porto Alegre, 1993.

ROCCA, Barbara Ronchi della, *Paese Che Vai – Il Passaporto delta Buone Maniere*, Milão, 1997.

ROCCA, Barbara Ronchi della, *Si Fa, Non Si Sa – Il Piccolo Galateo*, Milão, 1992.

ROUVILLOIS, Frédéric, *Histoire de la Politesse: de 1789 a nos jours*, Paris, 2006.

SERRANO, José Bouza, *Apontamentos sobre Atendimento, Imprensa e Protocolo*, Lisboa, 1979.

SERRANO, José Bouza, *O Livro do Protocolo*, Lisboa, 2011.

SERRES, Jean, *Manuel Pratique de Protocole*, Vitry-le-François, 1965.

SOLÉ, Montsé, *El Protocolo y la Empresa*, Barcelona, 1998.

TEIXEIRA, Marília Pimentel, *Protocolo Empresarial*, Lisboa, 1993.

TOMÁS, F. y R. Torralva, *Los Buenos Modales*, Madrid, 1998.

UBILLUS, Eliane, *Cerimonial – Fatos, Fotos e Sucesso no Município*, São Paulo, 2009.

URBINA, Jose António de, *El Gran Libro del Protocolo*, Madrid, 2001.

VILLALTA, Blanco, *Ceremonial en las Relaciones Publicas*, Buenos Aires, 1981.

VINCZER, Csilla Felfoldy, REQUEJO, Maria Gomes e RAMOS, Maria de la Sierra, *Los Básicos del Protocolo – Guía Contra el Pánico del Principiante*, Madrid, 2017.

YAGER, Jan, *Business Protocol – How to Survive and Succeed in Business*, Nova Iorque, 1991.

YAPP, Nicholas, *Debrett's Guide to Business Etiquette*, Nova Iorque, 1994.